John C. G. Röhl

威廉二世

WILHELM II.

〔德〕约翰·C.G.勒尔 / 著

陈晓莉 / 译

社会科学文献出版社
SOCIAL SCIENCES ACADEMIC PRESS (CHINA)

前 言 / *001*

概述：最后的威廉，德国的创伤 / *001*

第一章　饱受折磨的普鲁士王子
　　　　（1859~1888 年）/ *005*

1　对皇位继承人的精神摧残 / *005*

2　矛盾的母性 / *013*

3　冒险的教育实验 / *017*

4　同父母的矛盾 / *027*

5　1888 年"三帝之年"和即位 / *035*

第二章　生不逢时的独裁者
　　　　（1888~1900 年）/ *040*

1　君权神授并无止境 / *040*

2　俾斯麦下台（1889~1890 年）/ *043*

3　个人统治的建立（1890~1897 年）/ *055*

4　作为廷臣的帝国首相——耍花招的
　　"比洛体系"（1897~1909 年）/ *067*

第三章　不着调的世界政治家
　　　　（1896~1908 年）/ 075

　1　欧洲的挑战：世界政策和炮舰政策 / 075

　2　日俄战争和比约克岛的二皇会见
　　　（1904~1905 年）/ 086

　3　西方的战争？突访丹吉尔和阿尔赫
　　　西拉斯惨败（1905~1906 年）/ 091

　4　逐步升级的德英矛盾 / 100

第四章　屡次爆发丑闻的君主
　　　　（1906~1909 年）/ 110

　1　奥伊伦堡丑闻（1906~1909 年）/ 110

　2　比洛的欺骗：《每日电讯报》危机
　　　（1908~1909 年）/ 118

　3　1909 年首相更迭：从比洛到贝特曼·
　　　霍尔韦格 / 127

第五章　好战的军事统帅
　　　　（1908~1914 年）/ 131

　1　波斯尼亚危机（1908~1909 年）/ 131

　2　阿加迪尔危机（1911 年）/ 138

　3　战争危机扩大下的造舰行动
　　　（1911~1912 年）/ 145

　4　失败的"霍尔丹任务"（1912 年）/ 148

5 巴尔干动乱和第一次开战决定
  （1912 年 11 月）/ *151*

6 推迟开战：1912 年 12 月 8 日的
  "作战会议" / *156*

7 迟来的战争脚步渐近（1913~1914 年）/ *161*

8 1914 年"七月危机"中的皇帝 / *167*

第六章 狂妄的"上帝骑士"
     （1914~1918 年）/ *187*

1 皇帝的战争目标 / *187*

2 战争中无能的最高军事统帅 / *194*

3 垮台和逃亡：霍亨索伦家族统治的结束 / *197*

第七章 渴望复仇的流亡者
     （1918-1941 年）/ *204*

1 在阿默龙恩和多伦庄园的新生活 / *204*

2 流亡中的暴躁反犹太主义者 / *210*

3 威廉二世和希特勒 / *214*

参考文献 / *223*
人名索引 / *225*

前　言

威廉二世一直是以一个没落君主的形象出现在人们记忆里的。作为德意志帝国皇帝、普鲁士国王和最高军事统帅，威廉二世曾统治这个位于欧洲中心的强大帝国长达30年（1888~1918年），然而即便如此，德国历史学界并未给予他足够的重视。没有哪位德国历史学家用心研究过这个善变又野心勃勃，还到处惹是生非的统治者——他不仅在1890年将德意志帝国缔造者俾斯麦解职、建立了一支对抗英国的大型舰队，更在1914年将正值盛世的德国推入了第一次世界大战的深渊。不过要明白威廉二世为什么在德国史学界遇冷，人们却大可不必像大侦探福尔摩斯那样寻踪觅迹：和侦探小说《巴斯克维尔的猎犬》（*Der Hund von Baskerville*）中阴险狡诈的沉默一样，威廉二世是魏玛共和国和纳粹时期不能触及的禁忌，而当时德国历史的编纂者们掀起了一场否认凡尔赛"战争罪责谎言（Kriegsschuldlüge）"[①]的运动。然而最近30年，我们对于威廉二世在德国历史中处于何种地位这个问题的看法发生了彻底的转变。如今，在关于历史上首个德意志民族国家在1871~1945年间发展的延续和中断问题的激烈争论中，威廉二世的人格和世界观、他独断专行的统治手段，以及他推行的"炮舰政策"和"世界政策"成了重点讨论对象。现在我们已经详细掌握了有关威廉二世的一切，包括涵盖了丰富史料的各种传记，页数过千的档案卷宗，有关他讲话的学术出版物，探讨他与军事、宗教、艺术、科学、电影和工业技术关系的专题著作，以及从心理学和文化人类学

---

① 魏玛共和国时期的政治概念，当时的德国认为，《凡尔赛条约》将发动第一次世界大战的罪责归咎于德国及其同盟国的说法是谎言。（如无特别说明，本书页下注均为译者注。）

角度对他朋友圈和丑闻缠身的霍亨索伦宫廷的各类研究。当然，我们还有一些工作可以做（比如俄国和法国的历史档案就几乎没有被利用起来），我们对威廉二世的整体评价肯定也还存在争议。但是如果我们抱着求真的态度，而不是一味沉浸在对传统理想的追忆中，我们就会发现，确凿的事实极大地限制了解释的余地。本书尝试以现代研究成果为依托，将我们对这位德国末代皇帝的认识做一个概括。而这本书概括出的威廉二世形象，却在层层阴影笼罩下显得有些黯淡了。

概述：最后的威廉，德国的创伤

　　德意志帝国皇帝威廉二世 1859 年 1 月 27 日在柏林出生，1941 年 6 月 4 日在流亡荷兰期间去世，享年 82 岁。按照时间顺序，他的一生正好涵盖了历史上首个德意志民族国家崛起和崩塌的过程：俾斯麦通过 1864 年、1866 年和 1870~1871 年的三场战争将它建立起来，它又在第二次世界大战的灾难中陡然谢幕。对于自己所在时代发生的大事件，威廉二世并不是一个安静的旁观者。从 1888 年"三帝之年"即位，到 1918 年 11 月 9 日退位并流亡荷兰，他不仅是个名义上的君主，还以非常直接且个人的方式统治着德意志帝国及其"霸权所在"——强大的普鲁士军事王国。

不过，威廉二世并不是个独裁者。他必须对每一任帝国首相和普鲁士首相、普鲁士大臣和帝国政府的国务秘书、帝国议会和普鲁士邦议会，以及和它结盟的德意志王国、大公国、公国和自由城市政府有所妥协。与此同时，公众层面以政治党派、教会、工会、利益集团、（论战性）传单、新闻批评和游行示威等方式，一定程度上也越来越限制了他的个人影响力。不过在权力中心，尤其在人事任免、军事、外交和军备政策方面，威廉二世却极大地左右了事务的走向，最后直到1914年做出开战决定（他在其中起了决定性的作用）。第一次世界大战期间，他的决策越来越受到各大元帅的掣肘，然而即便如此，在一切重要问题上他仍拥有决定权。

1888年6月，继他祖父和父亲之后，威廉二世登上了皇位，年仅29岁。这成为他强大势力的基石，而俾斯麦则成功地让霍亨索伦家族把持下的"个人统治君主制"得以免受"立宪制"议会的钳制。可是威廉二世并不满足，为了争夺权力，他在1890年把"领路人"俾斯麦赶下了台。不仅如此，在整个19世纪90年代，按照与他感情炽烈的宠臣菲利普·奥伊伦堡伯爵（Philipp Graf zu Eulenburg）私下出的主意，他还以极其惊人的方式逐步扩大了自己的权力。威廉二世涉猎广泛，才干也是毋庸置疑的，但是他同时又极度情绪化，而且总是心神不宁。他缺乏引领欧洲最有活力、最强大的德意志帝国所需要的远见、谨慎和智慧。他强调君权神授，毫不掩饰想要一揽大权的野心，崇尚以武力相威胁的军国主义，极度自恋，而且希望在宫廷乃至最高国家公职人员中实践拜占庭式的"奴隶主义"——这些看起来仿佛是向18世纪的倒退，被认为是对德国人民的羞辱。许多人在威廉二世执政之初就预言的丑闻和危机，没过多久就已成真。同样，威廉二世居心叵测地想要凭借与英国王室和沙皇家族的亲戚关系掩盖其称霸欧洲的野心，这注定也不会成功。经过了1897年开始的造舰计划、1904~1905年的日俄战争、1905~1906年的第一次摩洛哥危机①、

① 又称丹吉尔危机。

1908~1909 年的波斯尼亚危机、1911 年的阿加迪尔危机，以及 1912~1913 年的两次巴尔干战争之后，第一次世界大战终于爆发了。

威廉皇帝在 1918 年 11 月蒙羞逃往荷兰，同时也彻底失去了对德国的政治影响力。战胜国曾在一场战后审判中提出，如果不判处战争犯威廉二世死刑，至少也应该将他流放到恶魔岛或福克兰群岛①，不过威廉二世极力抵抗，逃避了这个处罚。在流亡荷兰的 23 年中，这位愤懑之情无处纾解的"前皇帝"心中逐渐产生了荒唐的种族主义和反犹太主义思想，后者的激进程度简直可以和纳粹宣传的粗暴程度相提并论。当时的威廉二世看上去与希特勒为伍，然而希特勒根本就没准备将他再次扶上皇位。因此，讲述威廉二世流亡荷兰期间的章节有助于我们了解，德国历史在 20 世纪上半叶是如何延续的。不过我们先要从 1859 年 1 月 27 日谈起，这天是威廉二世的生日，也决定了这个日后成为皇帝的人的命运。

① 又称马尔维纳斯群岛。

第一章 饱受折磨的普鲁士王子

（1859~1888 年）

1 对皇位继承人的精神摧残

1858 年，威廉二世的父母在英国伦敦举行了婚礼。他们的结合被视为对英国这个庞大的海洋帝国与欧洲大陆雄心勃勃的普鲁士王国紧密关系的一种保证：新娘是时年 17 岁的维多利亚公主（昵称"维姬"），她是维多利亚女王与萨克森 – 科堡 – 哥达家族阿尔伯特的第一个孩子；新郎腓特烈·威廉王子（昵称"弗里茨"）是时年 61 岁的普鲁士太子威廉（威廉一世）的独子，因为哥哥腓特烈·威廉四世精神失常而且没有子嗣，威廉太子当时刚摄政不久。1859

年 1 月 27 日，这对夫妇生了一个儿子，霍亨索伦王朝的地位和欧洲几十年的和平仿佛从此有了保障。新生儿的名字也有他英国外祖父母的影子，他的全名是：腓特烈·威廉·维克多·阿尔伯特（Friedrich Wilhelm Viktor Albert）。

婴儿是在位于柏林菩提树下大街的太子宫（Kronprinzenpalais）顶楼出生的。长期以来，对于威廉二世出生时的状况始终没有确切的说法，不过从霍亨索伦家族已经公布的档案中，我们很容易就能弄清楚来龙去脉。威廉二世的母亲在 1859 年 1 月 26 日下午出现了临产阵痛。威廉二世的父亲当时并没有陪着她，而是在傍晚前给妇产科医生爱德华·阿诺德·马丁教授（Professor Dr. Eduard Arnold Martin）寄了一封信（他居然用的是平邮！），他没有意识到，胎儿当时处于臀位——头朝上，腿和手臂也向上伸着。臀位意味着生产时母亲和胎儿都可能有生命危险。当有人意识到这一点时，已是第二天早上了。威廉的父亲又差人给马丁医生送了一封信，而这时前一天寄出的信还没送到。马丁医生匆忙赶到产房，发现事态紧急，便请苏格兰医生将正在忍受痛楚的维多利亚公主送往柏林。医生给产妇注射了三氯甲烷（一种麻醉药），由于宫缩不强烈，又给她用了麦角碱（实际上为堕胎剂），以便让有窒息危险的胎儿（因为胎儿的头把脐带压住了）顺利经由产道娩出。在试图将胎儿伸过头顶的左臂拉下，并同时扭转胎儿身体的过程中，胎儿颈部的神经丛被扯断：普鲁士"军国"未来的国王、强大德意志帝国未来的皇帝就这样降临了——不仅"看起来奄奄一息"，而且还患上了厄尔布氏麻痹症（分娩性臂丛神经损伤的一种，因出生时产生的上肢运动及感觉控制神经损伤而引发的上肢麻痹）。

经随后几天和数周的观察确定，威廉遭受了严重的产伤。他的左上臂和肩部之间出现了一条明显的褶痕。他左侧的肩膀和手臂松弛地下垂着，同侧的肘关节却僵直不能弯曲。他的左臂比右臂摸上去更凉，而且要短许多；这样的差别随着时间推移还会越来越明显。此外，他的左手一直比右手小，左手手指很尖，像禽类的爪子一样攥在一起，非常显眼。这样的畸形令人担忧，原因却不得而知。有人推测是肌肉挫伤，日后可能会逐渐恢复，并提出了用凉水冲洗、酒精擦拭，以及按摩麻痹肢体等建议。宫廷御医还使用了一种治疗方法，即绑住威廉的右臂使其不能活动，以刺激他使用左臂。单从这点就足以看出，当时人们对神经医学是多么的无知。后来人们才逐渐认识到，这种肢体麻痹并不是肌肉损伤引起的，而是脑损伤或神经损伤导致的，因而无法治愈。

由于误诊，相应的治疗手段看上去便滑稽可笑。威廉6个月大时，伯恩哈德·冯·朗根贝克·冯·夏利特（Bernhard von Langenbeck von der Charité）教授对他进行了"动物浴"疗法。人们将威廉的左臂浸入一只刚被射杀的兔子尸体里（一周两次，一次持续半个小时），希望借此将野生动物的热气和能量转移到威廉畸形的左臂上。光这一点就让人怀疑，这种持续多年的血腥疗法是否给威廉蒙上了心理阴影。血腥和野蛮总归不会带来任何好处。由于麻痹症导致的肢体畸形，威廉很难保持身体平衡，加上右臂一直被绑住不能活动，这让正处在学步期的他感到非常痛苦和煎熬，并表现出明显的失望和暴躁情绪。威廉过完一岁生日后不久，朗根贝克在继续"动物浴"疗法的基础上，又对他进行了"麦芽浴"和"电磁"疗法——威廉在1860年4月接受了第一次电磁治疗，不过情况仍没有好转，他的左臂依然冰冷、没有知觉、颜色深红。由于颈部比较敏感，威廉不能忍受在颈部进行交流电电磁治疗，后来又加上了恒定的直流电电磁治疗。这样一来，威廉每天都要接受两种电磁治疗（直流电和交流电），"每次治疗时间更长"，"电流强度也更大"。

威廉4岁时脖子又歪了：没有受伤的右侧颈部肌肉将头部向右下方牵拉，同时下巴转向麻痹的左侧。根据威廉父亲的记录，1863年4月，"有人给威廉的颈部设计了一个机械装置"。这个威廉必须每天佩戴一个小时的装置叫作"头部牵引器"。威廉的母亲曾惊恐地描述道："它由一条腰带和一根与腰带后侧固定的铁棒组成，铁棒从后背伸到一个类似缰绳的东西里面。头部被那东西箍住，并通过一个螺栓……牵引到正确的位置。"威廉的母亲画下了这个装置的大致样子（见下图），她悲叹道，"看见自己的孩子被当作畸形儿对待"，她的心情简直糟糕透顶。事实证明这种治疗方法也没有效果，威廉必须接受手术。与此同时，人们可能隐约地意识到，这样的无效治疗会对威廉的心理健康产生不利影响。1865 年 3 月 23 日，朗根贝克通过手术切断了威廉的胸锁乳突肌——颈部肌肉和锁骨之间的肌腱。几天后，第二条肌肉也被切断，它将威廉的下巴向侧面牵拉，威廉的面部因此变得扭曲：从比例上看右眼和右侧脸颊过大、嘴巴歪斜、左眼半闭。

头部牵引器，威廉二世母亲画的草图，©Royal Collection Trust/Her Majesty Queen Elizabeth II 2013

由于威廉的左前臂僵硬地向前弯曲，且完全没有活动能力，1868年似乎是切断他二头肌肌腱的最好时机，不过手术最后还是没做成。造成威廉左前臂僵硬的原因显而易见，他的肘关节出现了畸形。手术的替代方案是威廉自幼必须佩戴的"手臂牵引器"，牵引力度更大，而且必须一天佩戴两次，连上课时也不能脱下。至于晚上可以摘掉的原因，只是怕他会犯癫痫。大概从1866年开始，在同时使用"手臂牵引器"和"固定支架"的基础上，陆军上尉古斯塔夫·冯·德雷斯基（Gustav von Dresky）带领的医疗小组又对威廉进行了每天三次的物理治疗，治疗产生了一定效果，威廉左臂的麻痹情况有所好转。

随着时间的推移，威廉的行动更显不便，好像他在婴幼儿时期还没受够"虐待"似的，而且这些不便也与他出生时医生不当操作所造成的产伤有关：身体无法平衡导致他青春期时膝盖多次脱臼，甚至有时长达几个礼拜都不能出门。自1878年秋天起，威廉还患上了可能危及生命的慢性耳病：他的右耳内长了息肉，化脓并散发出恶臭。1886年，威廉的耳疾再次发作，伴有眩晕和耳鸣，御医立即建议他前往巴特莱辛哈尔（Bad Reichenhall）疗养十周。这年10月，威廉一直正常的左耳也发炎了——应该是鼓膜穿孔导致的。尽管并不担心息肉会癌变，之后好几年流言蜚语却一直不绝于耳，人们认为威廉是因为耳朵有毛病，才有了种种令人大跌眼镜的行为。1896年8月，为了避免鼓膜穿孔引发脑炎，他被迫接受了切除右耳鼓膜的根治性手术。即便如此，这位德国末代皇帝也终身饱受慢性中耳炎的折磨，用自制的棉签清除耳内分泌物成了每天必做的事情。

威廉皇帝的所有病症和接受的所有治疗都清楚地记录在案，而同时代人或传记作家为了突出他反常举止而做的其他阐释却不过是推测罢了：例如不能因为他的面部扭曲变形，就认定他的脑子在难产时受到了轻度损伤。至于威廉二世的性取向如何，以及他是不是有可能压制了自己的同性恋倾向，我们将结合他的婚姻和与朋友的关系一同讨论。而他为何如此暴躁易怒，至今并没有确切说法，不过这个问题似乎可以从遗传病角度去解释。从斯图亚特王朝向汉诺威-英国王室统治转变时起，紫质症（Porphyria）就在王室成员中蔓延，威廉二世的曾曾祖父乔治三世（George III）就患有此病，并让他不时大发脾气，还会暂时神经错乱。新近的DNA分析结果显示，这种"帝王显性遗传病"随着威廉二世父母的结合从温莎王朝传到了霍亨索伦家族。医学研究证明，威廉二世最年长的妹妹夏洛特（Charlotte）和她的女儿身上最早出现了这种基因突变。不过暂时没有证据证明威廉二世也患有紫质症。可以确定的是，当时伦敦有名的医生和政治家都对威廉二世"遗传了乔治三世的性格缺陷"深信不疑，认为他随时可能会陷入暴怒，随年龄增长发病还会越发频繁、激烈。不过比起有关遗传病的猜测，人们更容易想象产伤和各种治疗给威廉童年蒙上的阴影，认为这对这位皇位继承人的性格形成产生了巨大影响。

2 矛盾的母性

只有当我们考虑到威廉母亲对她诞下"畸

形儿"的焦虑心情，方能理解她对儿子性格形成所起的作用。"英国人"维姬初为人母时不过18岁出头。作为英国女王维多利亚的大女儿，她是宫中狂热的亲英派。她聪慧博学，崇尚进步和自由。在相对落后和保守的普鲁士宫廷中，她毫不掩饰自己的优越感，也因此受到了冷落和排挤。她一心指望自己深爱的军人丈夫弗里茨能尽快登上王位，进而颁布更合乎时代潮流的宪法（实行议会制），并让普鲁士与她强大的祖国英国结成同盟。儿子如愿降生仿佛让她更有理由相信，这些美好的愿望在 20 世纪一定会实现。然而威廉"刚出生就有残疾"，她认为这是难以忍受、无法洗刷的奇耻大辱。她曾经抱怨道："这件事太让我痛苦了，一想到其他人会发现威廉和正常人不一样，我就恨不得找个地缝钻进去，或者不管找个什么地方躲起来。"她认为必须要尽力修复威廉的身体缺陷，要是治疗不起作用，就必须用教育来弥补。这些不切实际的幻想导致威廉母子的关系逐渐进入彼此失望的恶性循环，没过几年威廉就对他满怀自由理想的母亲生出了厌恶和反感情绪，仿佛希腊悲剧的剧情一样。

从一开始，威廉的母亲就不太喜欢自己这第一个孩子。对儿子身体残疾的忧虑冲淡了她初为人母的喜悦，因此她看起来总是愁容满面。几年后她回忆起威廉的洗礼时还感到羞愧不已，因为"为了不让人看见那条耷拉着的，显得无力又没用的胳膊"，她挡住了威廉的半边身体。看见儿子和其他健康男孩子在一起时，母亲尤其感到痛苦。"当我看见其他孩子拍手，而威廉那条完全没用的小胳膊就那么瘫软地挂在身体的一侧时，我就非常伤心，"她在威廉 10 岁生日前不久写道，"我一直在想，他以后会一直是个残疾人了"。

身体上的残疾和各种折磨人的治疗也让年幼的威廉非常受挫，他很快学会了用"发狂和暴怒"来发泄这种情绪。他母亲看在眼里，更难受了。1863 年，他母亲发现"可怜的威廉受尽了那些仪器和设备的折磨，大发脾气并奋力反抗，这个不幸的孩子真是受尽了考验"。母亲还感到威廉变得越来越傲慢了（也可能是补偿心理在作怪），她想要"纠正"儿子的这种态度，却总是无功而返。"这个小家伙的确太鲁莽，太倔强了，我有时都不知道应该怎么管教他了。而且他对我发那么大的脾气，我也控制不了自己的情绪……我总是拿藤条吓唬他，但是真正下手打也就那么一次而已……"此外，威廉的才智也远远没有达到母亲期待的程度。威廉5岁时，母亲责怪道："虽然他记忆力超群，但我发现他在别的方面并不是很聪明……为了引起别人的注意，他总是喋喋不休，而且说话完全不过脑子。"

威廉母亲对儿子的失望之情不言而喻。比起用藤条威胁，她更喜欢使用语言暴力。正如她日后坦承的那样，"威廉小时候经常吹嘘自己，喜欢说一些和做一些自以为了不得的事"，"为了嘲笑他"，她"总是对他说'您那根黑手指可拿不了什么东西'之类的话，而他也习惯了反唇相讥"。1880年，威廉借自己订婚之机向他的老师欣茨佩特（Hinzpeter）吐露道，他从来都没有想过"哪位女士会对自己，更确切地说因为他那不幸的左臂而对自己产生好感！"可见身体的缺陷让威廉二世多苦恼。

后来发生的两件事让威廉的母亲深受打击，这使得她对儿子身体残疾和成长的担忧到了无以复加的地步：她另外两个儿子西吉斯蒙德（Sigismund）和瓦尔德马（Waldemar）分别在1866年和1879年夭折。这使得她的家庭和她远在英国守寡的母亲一家继续沉浸在不见天日的悲痛之中。西吉斯蒙德和瓦尔德马永远活在了人们美好的记忆中，任凭威廉、海因里希和夏洛特三个在世的兄弟姐妹再怎么努力也无法超越了。也因为两个孩子的去世，威廉的母亲对年龄更小的维多利亚、索菲和玛格丽特这三个女儿更加疼爱了。

3 冒险的教育实验

威廉的母亲认为，"动物浴"和头部／手臂牵引器治疗要是达不到预期效果，就应该用教育来弥补。正是因为儿子身体上有残疾，她才更一门心思地想要把他培养成一位卓越的自由改革派君主。威廉的母亲在1864年给维多利亚女王的信中写到，她最大的愿望就是想让威廉成为像"她亲爱的父亲（女王的丈夫阿尔伯特）

一样伟大的人，成为具有另一种人格魅力的腓特烈大帝"。1866 年秋天，对威廉的培养大任正式落在了格奥尔格·恩斯特·欣茨佩特博士（Dr. Georg Ernst Hinzpeter）的肩上，在这之前他是黑森小城施利茨（Schlitz）埃米尔·格尔茨（Emil Görtz）伯爵的家庭教师。欣茨佩特提出的条件是，对于威廉这个小学生，他必须拥有完全的"控制权"，他也没打算成为对方的玩伴。这说明他对威廉的教育有着明确的目标。为了符合威廉母亲的殷切期待，欣茨佩特对威廉分外严格。这样一来威廉就更没好日子过了，他的童年简直毫无乐趣所言。不过也不能过分夸大欣茨佩特的严厉。根据威廉二世流亡期间的口述，欣茨佩特在他身体最痛苦的时候还坚持教他骑马，但是这一说法和现实情况并不相符。在军事主官施勒特尔的监督下，费尔德韦贝尔·卢克（Feldwebel Lucke）在欣茨佩特1866 年 10 月担任威廉的老师之前，就教会了威廉骑马。

欣茨佩特与威廉家族保持了多年的紧密关系，算上 1874~1876 年威廉就读卡塞尔高级中学的时间，他连续不断地影响了这位未来君主十年时间。为了培养出具有自由主义市民阶层思想和"英国—科堡"思想的皇位继承人，威廉的父母让这位虔诚派教徒"博士"全权负责儿子的教育，暂时打消了当时在位的皇帝和宫廷将领想将威廉培养成老普鲁士"士兵国王"的念头。欣茨佩特任职才短短几个月，时任军事主官便愤懑地递上了辞职信。取代他的不是像后来的总参谋长瓦德西（Waldersee）伯爵或像之后的帝国首相冯·卡普里维（von Caprivi）一样自信的军人，而是一个无足轻重、不名一文的同性恋少尉，名字叫作欧丹内（O'Danne）（后面的章节会提到）。从中可以看出，欣茨佩特当时的权威不容置疑。

一开始事情进展得很顺利。"博士"常常和他的学生威廉、海因里希一同远足和游览。在欣茨佩特、欧丹内和德雷斯基的照料下，两个王子在法国戛纳度过了1869~1870年的整个冬天。1872年夏天，两人再次在没有父母陪伴的情况下去了维克奥夫弗赫尔（Wyk auf Föhr）。尽管欣茨佩特对他的教学成果越来越不满意，对成长中的威廉提出最严厉批评的却是他的亲生母亲，她总是拿他同她心目中的理想人物——英国—科堡的父亲阿尔伯特，以及两个早逝的儿子相比较。她将威廉的来信批改后又重新寄给他，还抱怨说："字写得差也就算了，正字法学得也是一塌糊涂——单词不是拼写不对，就是少词漏字。"欣茨佩特渐渐怀疑他对自己学生的要求是不是还不够高。不过这个危险信号并没有引起威廉母亲的重视，她反而将对儿子的教育抓得更紧了。

1870年10月，欣茨佩特在给威廉父母的报告中提出了一项苛刻的教学计划，它不仅意味着父母可能在三年内见不到自己的孩子，还有可能在一定程度上引发当朝皇帝与其军事大臣的矛盾：从15岁直至成年，威廉要去一所远离柏林的公共高中就读，与出身市民阶层的同学在学业上相互竞争。要开展如此野心勃勃的教育试验，必须制定一个全新的教学计划。根据课程安排，威廉在学习拉丁文和数学之外，要第一次开始学习希腊语，专门从校外聘请的老师将负责教他化学、生物、法语、德语和艺术史。有些课他和其他学生一起上，每周日还要和他们一起参观博物馆。此外，在父母的要求下，他还得去柏林装饰艺术博物馆（Kunstgewerbemuseum）上绘画课。1873 年 4 月 2 日，威廉通过了高中毕业考试，但与此同时深切的担忧也暗流涌动：他既不具备与高中毕业生相称的能力，性格也相当糟糕。

1870 年在听欣茨佩特阐述新的教育计划时，威廉的父母也提出了一些让欣茨佩特难以回答的问题，比如"如果不那么严格要求他们的儿子，他是不是就不会成为一个更出色，或者说更有用的人？"1873 年 4 月，当欣茨佩特目睹正值青春期的威廉的种种表现时，他不禁"害怕地喊了出来"。这一喊意义重大。他"近乎战栗地"认识到，要达到预定的教育目标是多么困难的一件事。他警告说，如果还要继续在"悬崖峭壁上寻找出路"，那么父母、教育者，尤其是学生可能要为此做出巨大牺牲：威廉在高中毕业之前可能要与自己的父母分开，必须"独自在学业中寻找生活的乐趣"。相反，如果选择一条更容易的路，威廉的生活也许会更愉快地与他的家人紧密联系在一起，结局皆大欢喜也说不定。在与欣茨佩特一次"不愉快"的争论过后，威廉的父母（其实主要是威廉的母亲）还是选择了卡塞尔高级中学这条"险路"。如此一来，威廉不可避免地要接受"斯巴达式"的历练，直到后来流亡荷兰时，他仍对这段经历耿耿于怀。

最晚到 1874 年夏天举行新教笃信礼时，威廉那令人忧虑的性格缺陷终于引起了人们的注意。面对治疗带给他痛苦折磨，出于自我保护，也出于对自己在学业上未能达到欣茨佩特和父母期望的逃避，威廉变得极度自恋，对比他弱小的人十分冷漠且充满攻击性的蔑视。母亲和欣茨佩特相互指责，都认为是对方导致了这场教育实验的失败。威廉的母亲抱怨说，她的儿子"非常傲慢，极其自满且自高自大，听不进去哪怕一丁点的意见，问他什么他也经常回答得好像自己无所不知似的"。威廉的母亲在 1873 年写道，"我发现威廉比以往任何时候都要傲慢无礼"，"他还学会了欣茨佩特博士那套直来直去、恨不得用鼻孔看人的做派"。母亲感到，"威廉和我说话的态度相当粗鲁，经常出言不逊，还固执得不得了"。欣茨佩特则站在自己的角度诉苦："根本没人会相信，一个需要被照料、清洁和尊敬的少年会拥有和其他孩子一样的心灵。这种令人恐惧的想法一直在我脑海中挥之不去……我对这个可怜的孩子感到非常遗憾……既然他需要的爱和信任比其他任何一个人都要多，那么我们究竟应该怎样给予他呢？"在一同搬往卡塞尔前不久，博士仍怀疑，"威廉的自私自利可以说是与生俱来的，要克服这种形成他主要性格的本性可能并不容易"。这种疑虑是对的，只是当人们认识到这一点时，已经太晚了。人们一定会说，由威廉母亲和欣茨佩特一手炮制的野心勃勃的教育计划——一方面是因为威廉身体残疾，另一方面是出于对他未来"职业生涯"的考虑——剥夺了威廉享受快乐童年的权利。这样的教育方式对于一个每天都要忍受治疗痛苦的敏感小男孩来说，是非常不合适的。

1874 年 9 月，威廉不顾老皇帝的强烈反对，与弟弟海因里希、欣茨佩特和军事主官冯·戈特贝格搬进了寒酸至极的卡塞尔"王府",以便进入附近的弗里德里希高级中学(Lyceum Fridericianum)七年级就读。欣茨佩特这场"缺乏流程设计的教育实验"的最重要目的,就是逼迫他的学生彻底转变性格。通过绝对的严厉、铁一般的纪律和毫不留情的竞争,威廉应该被培养成一个勤奋和尽职尽责的人,作为一个王子会犯的"立场错误"和"成长中的内心矛盾"都应该被克服。从早上6点到晚上10点,威廉都要用功读书,连星期六也不例外:每周有19个小时的希腊语课和拉丁语课,6小时数学课,3小时历史课和地理课,3小时德语课和2小时英语课,从1875年开始还有2小时法语课,之后还加了2小时物理课,除此之外还有必修的宗教课。与那些也许更适合一个现代君主学习的课程相比,对威廉的教育重点显然放在了学习古老的语言上面。对"这种僵化守旧和枯燥乏味的"教育体系,他发了一辈子牢骚。

和欣茨佩特一样,卡塞尔高中的其他老师也对威廉的成绩感到失望。最近有人发现了多篇威廉八年级时写的德语作文，随处可见各种拼写和语法错误，被打5分的不在少数。他最喜爱的德语课尚且如此，就更别说其他课程了。欣茨佩特想要改变威廉性格的教育目标也完全没有实现。在卡塞尔就读期间，这个学生的"平庸"和"不成熟"、他"令人惋惜的自我满足与安于现状"、他"冒失和傲慢的本性"，以及他近乎病态的自恋倾向，都让欣茨佩特大为吃惊。1876年，欣茨佩特退休回到了比勒费尔德，在回顾他作为未来"世界上最有影响力的统治者"的老师的这十年光景时，他又一次"害怕得喊出了声"："我要是更聪明一些的话，早就应该悄悄回到我那些可爱的苹果树或桃树下上吊了，连这都比与一个性格如此扭曲的人做无谓的斗争强。"

回溯威廉二世的儿童时期和青少年时期，我们不能忽视一个矛盾的存在。一方面，为了治疗产伤，威廉二世从小就必须试验各种医疗方案，这给他年幼的心灵蒙上了阴影。他那骄傲的母亲不但没能给予她的第一个孩子（即使出生时身体有缺陷）足够的爱，反而还指望一个老师能通过严格的教育在学业上弥补他身体上的残疾——为威廉特别制定的教育计划显然对他要求过高,其目的就是阻止他自作主张地想要起来反抗——所有这一切都促使威廉日后成长为一个越来越自大、盛气凌人、爱大声取笑别人、内心无比冷酷的君主,谁见了他都会像他父母和老师欣茨佩特那样,吃惊地发出害怕的喊声。威廉二世的人格构成很早就展露无遗,他大力颂扬实行专制统治的霍亨索伦王朝所取得的战绩,而摒弃他英国母亲所崇尚的、以和平为导向的世界公民理想。另一方面,正如欣茨佩特认识到的那样,威廉二世极度渴望得到爱、赞扬和恭维,沉迷于幼稚的游戏、愚蠢的把戏,特别是男性圈子的粗野玩笑而不可自拔。他的性情摇摆不定,而且极度感情用事——他缺乏"中间的声音",即区分轻重缓急的能力。他听不进去反对意见,一旦殷切的希望落了空,他就会做出近乎病态的反应,有暴力倾向地大发脾气,偶尔也会表现出沮丧和无助的情绪。从中我们可以得知,后来威廉二世奉行君权神授的绝对军事统治,身边围绕的全是身材高大的军队将领和讲英语的海军上将，其思想根源就在于此。然而这样一个统治者又非常容易听信宠臣的私下进言。威廉二世在童年和青少年时期就表现出了这一点，从而导致他和父母、俾斯麦、德意志帝国内部雄心勃勃且势头不可阻挡的民主势力之间，乃至德国和作为维持当时欧洲国家秩序稳定的海洋霸主英国之间，都产生了罅隙。

4　同父母的矛盾

经过了痛苦折磨的治疗和欣茨佩特的教育实验后，在波恩大学（1877~1879 年）就读的威廉感到了前所未有的自由自在，之后在波茨坦卫兵团（Postsdamer Guarderegimenter）的军官生活更让他仿佛置身天堂。他扛过来了！他受到了博鲁西亚军团（Corps Borussia）中贵族大学同窗的追捧，他的战友和上级都极力讨好他，这位年轻的皇位继承人完全被普鲁士民族主义和军国主义的新氛围感染了。身为霍亨索伦家族的王子，威廉的晋升之路也一帆风顺：1880 年任陆军上尉，1883 年任第一兵团指挥官，1885 年就成了陆军上校和骠骑兵团指挥官。他日后回忆说，波茨坦是他的"福地（eldorado）"，他在兵团战友中间找到了家、朋友和爱好——这些都是他之前一直缺失的。那些"令人恐惧的日子终于结束了，那时候没有人理解我"。母亲对威廉"像火一样热情地"投身军队深感惊讶。她认为他的"沙文主义和普鲁士极端民族主义思想可怕到了一定地步，他的粗暴态度让我时常感到非常痛苦"。秉持自由主义思想的奥匈帝国皇太子鲁道夫在 1883 年震惊地发现，"威廉王子居然年纪轻轻就变成了一个固执的容克和反动分子"。当时，威廉的许多看法已完全背离了他父母想要灌输给他的启蒙教育理念。

为了多少保住自己对儿子的影响力，威廉的母亲把最后的希望寄托在了他的结婚对象上。她劝威廉不要娶他黑森 - 达姆施塔特的表妹伊莎贝拉（昵称：Ella），可能是因为她姐姐爱丽丝——黑森 - 达姆施塔特大公夫人的家人得过血友病（一种致命的家族遗传性血液病）。她建议儿子在参加过 1864 年普丹战争的弗里德里希·

冯·石勒苏益格－荷尔斯泰因－森讷堡－奥古斯滕堡（Friedrich von Schleswig-Holstein-Sonderburg-Augustenburg）公爵两个较年长的女儿中选择一个结婚，以达到与英国王室亲上加亲的目的。不过柏林宫廷方面认为这样的婚姻不对等，首先就会遭到皇帝威廉一世的强烈反对。1881年2月27日，威廉与石勒苏益格－荷尔斯泰因的奥古斯特·维多利亚（Auguste Viktoria）（昵称：多娜）公主在柏林城市宫教堂举行了隆重婚礼。然而事实上，威廉既没有如父母所愿改变自己的政治立场，而且即使他和妻子生育了6个儿子和一个女儿，也没有怎么享受到家庭带来的天伦之乐。威廉的妻子并没有代表自由主义亲英派与保守的柏林宫廷党抗衡，而是扮演了一个固执呆板、严肃正统又很保守的生活伴侣角色。对于未来王后和皇后的新身份，她又敏感得近乎病态。在之后的几年中，威廉曾向一个朋友哭诉："她这个人虽然不坏，但我实在是受不了……她总觉得自己得做点什么，和所有人相处时都特别拘谨……你根本想象不到我承受了多大的痛苦。"

　　身为狂热的骠骑兵指挥官，威廉也并未受到这段具有基督教和市民阶层双重色彩的婚姻在风俗习惯方面的任何限制。从19世纪80年代早期开始，他就同阿尔萨斯的埃米莉·克洛普（Emilie Klopp）交往，还亲切地称呼她为"爱小姐（Miss Love）"，之后将她作为情妇安置在了波茨坦。因为握有与威廉的交往书信，"爱小姐"假装怀了威廉的女儿，并向他敲诈一大笔钱——俾斯麦最后买下了威廉与她的所有情书，还拿里面一些古怪露骨的情话来嘲笑威廉。后来威廉又和奥匈帝国皇太子鲁道夫去了维也纳老鸨伍尔夫开的妓院，在那里结识了埃拉·佐默茨西（Ella Sommssich）和安娜·霍姆拉什（Anna Homolatsch）两个女人，也都向她们支付了"分手费"：埃拉给威廉二世当了多年的情妇，安娜则给他生了个女儿。第四个和威廉二世有过亲密关系的女人是离异的魏德尔女伯爵，名叫伊丽莎白·贝拉尔（Elisabeth Bérard），可惜她没有好好保存威廉二世寄给她的情书，终生都处在宫廷密探的监视中。

第二次世界大战结束后，威廉二世的亲笔书信在德黑兰公之于众。这些信件被翻印在德国的马路小报上，白纸黑字，有据可查。

由此可见，与多娜的婚姻既没有改善威廉与父母的关系，也没有如父母所愿地改变威廉的政治立场。相反，直到父亲罹患绝症之前的很长一段时间里，威廉与父母爆发了多次激烈的争吵，因此他逐渐养成了用威胁的方式"谋权"的习惯。他母亲哭诉说，她简直"为自己不成器的儿子操碎了心，也耗尽了自己的时间与爱"，如今他又夸耀说，"他就要成为他祖父和俾斯麦亲王面前的红人了"，而且表现得就好像他指挥得动那帮容克[①]和反动的十字报党人（Kreuzzeitungspartei）[②]似的。她认为儿子"目

[①] 德语 Junker 的音译，意为"地主之子"或"小主人"。原指无骑士称号的贵族子弟，后泛指普鲁士贵族和大地主。

[②] 《新普鲁士报》（Neue Preußische Zeitung）是 1848～1939 年间发行于普鲁士王国和德意志国的报纸，因报头印有标志性的铁十字而被称为《十字报》。该报持保守倾向，主要读者为贵族、军官、国家公职人员、外交官、实业家等，为普鲁士保守党的重要宣传媒介，因而反对革命的极右保王派也被称为"十字报派"或"十字报党人"。

空一切、自命不凡、爱慕虚荣、放肆无礼，而且愚昧至极！"父亲也没少为威廉"自私自利的本性"大动肝火，觉得"威廉简直愚蠢到了不可估量且可怕至极的程度"，"他完全不具备一个王侯应有的才干和处世之道"。威廉的父亲甚至公开批评他是一个不成熟且没有判断能力的人。这些评价表明，威廉的父亲当时已经对他的行为举止心生惧意了。

事实上，在极端反动分子、战争迷和反犹太主义者——副总参谋长阿尔弗雷德·冯·瓦德西（Alfred von Waldersee）伯爵的怂恿下，年轻的威廉想尽办法让自己的父母在皇位继承顺序上被越过，或者至少是在促使父母离婚方面做了不少努力。1884年夏初，瓦德西断言，"让威廉异常愤怒的是，他逐渐认清一个事实，那就是他的母亲并没有变成普鲁士王妃，她仍然是个英国人，不光她的生活方式和人生观是英式的，她的思想尤其是政治主见，也是亲英的。他对母亲有意维护英国的利益，并为反对普鲁士和德意志积极奔走这件事心知肚明！他太热爱普鲁士了，这种病态的情感往往让他很难控制住自己的火暴脾气"。就连公认消息灵通的外交部枢密顾问弗里德里希·冯·荷尔斯泰因（Friedrich von Holstein）也注意到，威廉发表意见的方式好像确实受了他母亲对他"思想监禁"的影响。

在他崇拜的祖父的支持下，威廉越来越认为他应该扮演那个被他"失职的"父亲视为本分的角色。1884年和1886年，年轻的威廉分别前往圣彼得堡和莫斯科会见沙皇亚历山大三世，并在出访期间以闻所未闻的方式向他的父母以及维多利亚女王和舅舅威尔士王子（未来的英国国王爱德华七世）公开发难。威廉时年55岁的父亲，也就是当时德意志帝国的皇位继承人对此感到非常耻辱。在写给沙皇的密信中，威廉继续抹黑他的父母、英国王室和英国政策，他还抢在当时一揽大权的俾斯麦前面，给沙皇尼古拉二世发了封电报（"威利—尼基电报"），结果导致后来历任德意志帝国首相的外交政策全都受到了阻碍。为了激怒父母，威廉在1886年年底又跑去俾斯麦长子赫尔伯特领导下的德国外交部，一通指手画脚。

可想而知，在霍亨索伦家族内部尖锐矛盾的冲击下，俾斯麦领导的普鲁士－德意志帝国与实行议会制统治的北欧、西欧和南欧国家渐行渐远了。许多历史学家认为，这也是理解之后德国经历种种灾难的关键因素之一。威廉临近即位时的思想状态一方面表现出他对战争的狂热，另一方面又反映出他对议会、政党，甚至民众的蔑视。"必须摧毁不列颠"是他的信条，后来他又热衷于建立一支强大的德意志舰队。同时他强调，也必须"摧毁巴黎"。瓦德西1887年1月25日在日记中写道，威廉"当然非常好战，希望很快就能打一仗"，他对此颇为满意。在这位元帅的影响下，威廉也将打击俄国列入了军事计划。俾斯麦在1888年气愤地说："这个年轻人想和俄国开战，还想越快越好。"不仅如此，威廉还在帝国议会上对犹太人、天主教中央党（Die katholische Zentrumspartei）、以西欧自由思想为主导的政党和社会民主党人破口大骂，他写道："希望带着刺刀和军鼓的精锐部队士兵赶快把德国清理清理！"

5 1888年"三帝之年"和即位

1887年3月22日，德意志帝国皇帝威廉一世90大寿。7天前，医生卡尔·格哈特（Karl Gerhardt）教授在威廉父亲的左声带上首次发现了一个小肿瘤，并进行了烧灼处理，后确诊为喉癌。突然之间，德意志帝国的皇位可能短时间内面临二次更迭，甚至威廉一世也有可能直接传位给孙子威廉二世。在这样的情形下，一切事务都必须重新考虑并加以安排。不仅俾斯麦和瓦德西这样想，就连威廉父母忠实的拥护者，比如帝国首相候选人弗朗茨·冯·罗根巴赫男爵（Franz Freiherr von Roggenbach）也认为，很难想象要让一个罹患癌症、随着病情发展会失声，而且日渐衰弱的太子加冕即位，更别说如果他的"英国"妻子想方设法（比如通过制造性丑闻）离开了他，情况会怎么发展。他们的儿子威廉则成了众人关注的焦点，他的好战和反动倾向仿佛为宫廷内部的军事和保守势力筑起一个堡垒，激起了他们对威廉的父亲继承皇位一事的反抗。毕竟他一旦即位，其统治可能影响他们长达数十年。

有了威廉一世、宫廷党、瓦德西和俾斯麦集团的支持，威廉更加肆无忌惮地对父母施展阴谋诡计，何况他还坚定地认为，必须要避免他来自英国—科堡一方的母亲掌权，不能让母亲"愚蠢的人道主义"和"非德国的"宪制思想影响具有普鲁士军国主义特色的君主统治原则。经过巴特埃姆斯（Bad Ems）、怀特岛（Isle of Wight）、苏格兰高地、蒂罗尔（Tirol）阿尔卑斯山地区和巴韦诺（Baveno）一路辛苦的旅程，威廉的父母 1887 年 11 月起在意大利里维埃拉（Riviera）的圣雷莫市（San Remo）留了下来，想要通过这种表面上的乐观打消人们让威廉的父亲放弃皇位的想法。由于 90 岁高龄的皇帝随时可能去世，而"脖子动了手术的"威廉的父亲又在意大利休养，1887 年 11 月 17 日颁布的最高内阁敕令将威廉任命为代理皇帝。威廉的父亲对此失望透顶，几周后，帝国内阁再次置他明确的指令于不顾，提拔威廉为元帅，并将他从波茨坦调任柏林，处理他此前很少涉及的普鲁士和德意志帝国内部事务。

当时，威廉的父亲的喉癌诊断已经基本确定。医生建议切除喉头，虽然这会给身体带来更大的痛苦，但是至少有机会挽救生命。1887年11月11日，威廉的父亲不顾妻子的劝说拒绝了这个建议，此后他的身体状况一天不如一天。到了1888年2月9日，弗里茨·古斯塔夫·布拉曼（Fritz Gustav Bramann）不得不切开威廉父亲的气管来维持他的生命。从威廉写给密友奥伊伦堡的信中可以看出，他关注自己父亲痛苦经历的同时，对母亲和那些英国医生的厌恶之情是何等强烈："我那苦命的父亲啊，围绕在他身边的尽是谎言、诡计和密谋，他一次次地失望，现在又经历了长达11个小时的惊险手术。在如此的痛苦面前，他表现得那么英勇无畏……这些到死都怀着种族仇恨和反德意志思想的英国人……这帮像撒旦一样的老家伙……他们的无能和恶意几乎要了父亲的命！"威廉1888年3月2日前往圣雷莫，试图决定父亲的后续治疗问题，而父亲连儿子的面都不见，只是写信告诫他千万不要插手。

3月9日，当威廉有关老皇帝去世消息的电

报抵达圣雷莫前，病入膏肓的父亲就已决意返回柏林。他以德意志帝国皇帝和普鲁士国王的身份踏上归程，回到柏林后就住进了夏洛滕堡宫（Charlottenburger Schloß）。即位仅99天后，威廉的父亲再次将皇位传给威廉。凡是见到奄奄一息、话都说不出来的皇帝的人，都认为他应该退位。至于为什么不早点让儿子即位，恐怕只有从他和母亲之间很深的矛盾及恶劣的母子关系角度才解释得通。1888年4月12日，威廉在写给奥伊伦堡的信中说："我根本无法描述过去8天我在这里经历了什么，光是想想就觉得可笑！我的家族曾经多么至高无上和神圣不可侵犯，可想而知，当我看到它堕落的样子，会感到多么难堪！……一个英国公主玷污了我的家族纹章，还把德意志帝国推到了毁灭的边缘，我母亲是这个世界上最可怕的人！"

威廉担心，父亲身边的这个"英国"皇后会借助她背后的自由党势力和犹太人支持者，把普鲁士 - 德意志帝国像"老古董"一样埋进土里，然后学习西欧推行议会制。不过这种担心没有必要，因为反对威廉母亲的势力太强大了——俾斯麦集团、宫廷党、军官团和政府管理部门无一例外地都支持年仅29岁的威廉。对他们而言，威廉就像是"冉冉升起的太阳"。他们都殷切地期待威廉即位的那一天早点到来。当时的皇帝像一具骷髅似的躺在病床上发烧，不时地剧烈咳嗽，痛苦地咳出大量脓痰。1888年6月1日，皇帝乘船从夏洛滕堡宫转到波茨坦新宫（Neue Palais）。没过几天，癌细胞就扩散到了食管，皇帝的病情迅速恶化，于1888年6月15日上午11点30分去世。与此同时，威廉成为德意志帝国皇帝、普鲁士国王、总主教（Summus Episcopus），同时也成了世界上最强大军队的最高军事统帅。他即位后干的第一件事，就是让骠骑兵在宫殿周围拉起一道封锁线，以防止母亲将她的文件（这些文件当然早就存放在温莎城堡中了）偷偷带走。这明显表示皇帝威廉二世根本就不打算实行符合工业社会现代化和多元化发展趋势的政体，而腓特烈二世时代的、以君权神授思想为主导的君主－军国主义"个人统治"才是他的理想。

第二章 生不逢时的独裁者

（1888~1900 年）

1 君权神授并无止境

对于当时的人们来说，德意志帝国的皇位不过是从 91 岁的老皇帝直接传到了他 29 岁的孙子手中。然而从全世界的角度来看，1888 年"三皇之年"前后却隔着一个世纪鸿沟。可以肯定的是，威廉二世的母亲对共和制的笃信在某种程度上超前于她身处的时代，在俾斯麦再次成功巩固了的"君主个人统治"体系内，她的理想不可能实现。同时，年轻的威廉二世所秉持的、用来对抗父母的君主统治思想，却根植于 18 世纪，启蒙运动和法国大革命爆发之前的那个时代。俾斯麦也喜欢吹嘘说，自己维护了霍亨索伦家族的君主统治免受议会制破坏，避免了德国皇室像英国、意大利、斯堪的纳维亚、荷兰和比利时一样堕落成为"自动的签字机器"。1888年皇位发生二次更迭后他一定立刻认识到，他对"君主统治原则"的捍卫不仅是他个人权力的基础，也决定了他将如何从内到外建设德意志帝国。俾斯麦无视欧洲国家在实现宪制方面的努力，以及延续几百年的立宪成功经验，这使得专制统治、拜占庭式的任人唯亲和过度的军国主义在霍亨索伦家族统治的宫廷内畅行无阻。同时，俾斯麦眼中的"君主个人统治"无异于一个合法的虚构之物——威廉二世按照字面意思，将君权神授的统治思想理解为对他个人统治的合法化。

威廉二世对于他皇帝和国王身份的想象简直让人头晕目眩，他认为自己是神和他的子民之间的中间人：他接收神的旨意，作为"神与人的纽带"，他有责任向他的子民解释神对每一条批评意见的看法。他严肃地声称，像他这样接受过加冕的统治者天生拥有一双"通神"慧眼，普通的政治家则没有这种能力。那些被宪法和议会限制住了权力的君主活该被轻视。"我习惯了别人听命于我，"1890年俾斯麦被解职前不久威廉二世曾经这样说，"皇帝说的话既不该被曲解也不能过分解读。"在威廉二世无数次的演讲和他以军姿手握元帅杖、目光挑衅的肖像画中，他对权力近乎专制主义式的要求表露无遗。威廉二世自认为没有什么事是他不能过问的。在尼采和易卜生宣布皇帝去世之际，不仅是德国公众，就连德国以外的人都对威廉二世这种与时代不符的行为举止深表震惊。荷尔斯泰因表示，"这位统治者引发了全世界的恐慌"。甚至霍亨索伦家族内部也有人私下里议论说，威廉二世生晚了，他其实应该是上个世纪的人。

老皇帝威廉一世在位时，俾斯麦不管怎样最后总能达成自己的意愿。随着行事鲁莽的皇孙——威廉二世即位，在君权神授思想的浸染，以及像瓦德西一样有野心的将军和像奥伊伦堡一样狂热的唯美主义者潜移默化的影响下，事情将会很快朝着其他方向发展。威廉二世与时年 75 岁、常年手握大权的帝国首相俾斯麦亲王展开权力争夺，只是时间早晚的问题。

2 俾斯麦下台（1889~1890 年）

警报其实在威廉二世即位之前就已拉响。1887 年 11 月，这位霍亨索伦王子就已经同俾斯麦决裂了。当时威廉参加了在瓦德西府邸为宫廷传教士阿道夫·施特尔克（Adolf Stoecker）的"基督教－社会（christlich-sozial）"（即反犹太主义）城市布道团举行的一场集会，俾斯麦感到有必要批评威廉，认为他与普鲁士十字报党反对派人士站在一起尤其不符合皇位继承人的身份。威廉听后随即起草了一份撤销俾斯麦"德意志帝国亲王"头衔的文件，想要在他即位时给他的"同僚们"看。这样，俾斯麦这个"老叔叔"也能听命于自己——这个"君权神授"的皇帝了。"必须予以回击！"威廉以他在波茨坦当近卫军团少尉时惯用的口吻说道，这样的说话方式也贯穿了他的一生。俾斯麦看到那封威廉亲笔写的公函后错愕不已，顺手就把它给烧了。

威廉不仅对俾斯麦构建德意志帝国的联邦制基础提出质疑，更糟糕的是，他还暗中破坏俾斯麦推行的和平政策。从 1887 年秋天开始，还是普鲁士王子的威廉就以副总参谋长瓦德西领导下的好战派代言人自居，积极怂恿德国立即与俄国和法国开战。1887 年 12 月 17 日，他居然出席了老皇帝身边元帅们召开的、关于发动进攻战的"作战会议"。俾斯麦在 1888 年 5 月气愤地抱怨说："这个年轻人想和俄国开战，而且可能说干就干。我不会参与这件事。"威廉二世即位 4 周前，俾斯麦曾大声疾呼："我的孙辈们可倒了霉了！"

虽然有这些不好的预兆，威廉二世在 1888 年 6 月 15 日即位后还是暂时改善了自己同俾斯麦一家的关系。为了不给这个年轻的君主"添麻烦"，俾斯麦搬回了弗里德里希斯鲁（Friedrichsruh），即俾斯麦位于波美拉尼亚省瓦琴（Varzin）的庄园。除了短期公务需要往返之外，俾斯麦直到 1890 年 1 月 24 日才回到柏林居住。在他离开柏林的这 18 个月中，担任外交部国务秘书、时年 39 岁的长子赫尔伯特·

冯·俾斯麦（Herbert von Bismarck）伯爵一边要通过公函向威廉二世汇报，一边还要给父亲发电报陈情，几乎每天如此。让赫尔伯特这样一定程度上不乐意和人交往的人去皇帝身边谄媚讨好，这其实暴露出"俾斯麦体系"的根本性弱点：能否成事，最终由能否取得君主的"最高信任"决定。俾斯麦在这一时期做了不少违心的决定，他这么做不过是为了保住自己的权力和地位而已。然而像这样策略性的处理，又能维持多久呢？瓦德西继续煽动对俾斯麦所提"与俄国交好"政策的不利言论，并且不停地对威廉二世说，要是俾斯麦这样的大臣总在身边"监护"着他，他就永远也成不了第二个"腓特烈大帝"。威廉二世的一番话也在十字报党圈子内流传："再给这个老家伙一年的喘息时间，然后我就独揽大权。"

这时，出现了一个本来微不足道的人事问题，它却像远方天空中的一道闪电，预示着坏天气的来临。1886 年 5 月，威廉在东普鲁士的一次狩猎中结识了年长他 12 岁的菲利普·奥伊伦堡－赫特费尔德伯爵，此人当时还只是普鲁士派驻慕尼黑的一名普通外事秘书，在施坦尔贝格湖边过着无忧无虑的艺术家生活。第一次见面以后，这两位男士之间的友谊进一步加深——奥伊伦堡是诗人、歌唱家、作曲家、唯灵主义者和慈爱的父亲，此外还有强烈的同性恋倾向，他爱上了年轻的威廉，给予了他无条件的爱和赞美。正如欣茨佩特所说——爱和赞美是威廉二世比其他任何人都更需要的东西。1888 年秋天，威廉二世即位后不久，就要求赫尔伯特·冯·俾斯麦提拔他这位"最好的朋友"去当驻慕尼黑公使。俾斯麦首相对此深感震惊，这清楚地表明，俾斯麦对国家的理解与威廉二世所代表且要坚决贯彻的个人统治风格有着本质不同。俾斯麦警告说，如果作为国家代表的公职人选由皇帝的个人喜好来决定，那么这个国家的大臣就会逐渐降级变成与王室内阁顾问类似的角色。这关乎俾斯麦无法妥协的重要原则性问题。赫尔伯特向俾斯麦报告说，如果皇帝独宠菲利普·奥伊伦堡，那么这个人就应该待在宫里，而不是插手国家事务。俾斯麦之前的预言也彻底成为现实：随后的几年中，威廉二世皇帝在奥伊伦堡的辅佐下实现了个人统治。德意志帝国的各个大臣逐渐沦为君王的傀儡，连帝国首相也不例外。

1889 年 5 月起，皇帝和首相之间累积的矛盾越来越多。受在比勒费尔德的欣茨佩特的启发，威廉二世介入了当时鲁尔区爆发的矿工罢工事件。5 月 12 日，他突然"非常激动地"闯入普鲁士国务部正在进行的会议，并声称自己反对俾斯麦推行的政策。"工人是他必须关心的臣民。"不久之后他分别接见了由雇主和雇员组成的代表团。在这段恼人的插曲过后，俾斯麦意味深长地抱怨说，"这个年轻人"对"腓特烈·威廉一世的理解只有他拥有的所谓权力"，必须有人给他解释清楚不可，免得他老这么"慌慌张张"的。然而说总比做容易。不到一个月，威廉二世又以尖刻的命令口气禁止俾斯麦向俄国放贷，因为瓦德西欺骗他说俾斯麦的犹太人银行家格尔森·冯·布莱希罗德（Gerson Bleichröder）在其中有不正当的金钱交易。1889 年夏天，威廉二世开始了第一次"北国之旅"，奥伊伦堡同行。瓦德西极力让皇帝相信俾斯麦已经彻头彻尾地"被犹太人同化"了，德意志帝国的政策走向就要由犹太人说了算了！作为副总参谋长的瓦德西强调，对俾斯麦而言"显然那些肮脏的金钱利益才是最重要的"。"这的确非常可怕：犹太人布莱希罗德正在深刻地影响着我们的内政外交政策。""首相完全信任这位布莱希罗德先生。"而让人担心的是，年轻的皇帝威廉二世听信了这些闲言碎语。在俾斯麦遭遇解职危机的最后阶段，瓦德西的凭空捏造起了火上浇油的效果。

随着时间的推移，威廉二世越来越自信地对俾斯麦提出的所有内政外交政策表示质疑，围绕他组建的一个秘密的"男人帮"顾问集团也是如此。除了瓦德西和奥伊伦堡之外，威廉二世的叔叔——弗里德里希·冯·巴登大公，巴登驻柏林公使、阿道夫·马沙尔·冯·比贝尔施泰因男爵（Adolf Freiherr Marschall von Bieberstein）和颇具影响力的外交部枢密顾问荷尔斯泰因也是这个小集团的成员。威廉二世的老师欣茨佩特继续在幕后扶持他，外交部殖民事务局负责人、精通社会政治学的保罗·凯泽博士（Dr. Paul Kayser）也是威廉二世的幕后军师之一。虽然俾斯麦已经感觉到了身边有探子和奸细，但直到最后也不知道在背后指使皇帝和他作对的人究竟是谁。

目光敏锐的荷尔斯泰因曾大力劝阻威廉二世，不要将首相危机提早推上风口浪尖。如果俾斯麦愤而辞职，整个国务部可能一起辞职。此外，1890年1月马上要进行帝国议会选举，绝不能出现让与俄国、法国开战一事失去控制的危险。枢密顾问提醒威廉二世："一场激烈的争吵很快就会爆发。"议会选举可能会给政府带来灾难性的结果，年轻的皇帝可能"不得不在缺了俾斯麦的新内部矛盾中继续执政……与法国和俄国一起成为旁观者"。为了避免敌对势力在这场像内战一样的混沌争斗中乘虚而入，并通过流血破坏皇帝威廉二世的政治信誉，荷尔斯泰因要求奥伊伦堡和其他幕后操纵者阻止皇帝在内政外交中实行示威性的方针路线：他必须要在帝国议会维护由"维系国家"的保守党—民族保守党—民族自由党联盟所取得的选举胜利，并巩固德国、奥匈帝国和意大利结成的三国同盟。

不过皇帝的密友们很快怀疑，俾斯麦为了让自己显得不可或缺，并将皇帝"逼得走投无路"，会在两种情况下与威廉二世大唱反调：他想在选举前夕破坏保守党—民族保守党—民族自由党联盟，同时通过进一步亲近俄国来吓唬德国的可靠盟友奥匈帝国。在由此产生的"混乱（Tohuwabohu）"（威廉二世的说法）中，俾斯麦将一步步掌握控制权，并永远摧毁皇帝的希望。威廉二世和他身边的秘密集团将俾斯麦首相生涯最后9个月中使出的所有"招数"——对向天主教中央党靠拢一事的犹疑、在《反社会党人法》（Sozialistengesetz）问题上对联盟党坚决不让步、拒绝继续推行社会改革、以政变为方式的"思想实验"和军事改革大提案——解释成了为"将死"皇帝、建立一支属于"俾斯麦王朝"的宫廷大臣队伍而耍的诡计和花招。双方在权力斗争的最后阶段都使出了浑身解数：俾斯麦想要努力（除了利己的动机之外）阻止威廉二世——那个年轻的、自命不凡的、情绪不稳定的、容易受不可控因素影响的霍亨索伦王朝统治者——在德意志帝国实行个人统治；皇帝的"顾问团"则坚信，只有威廉二世的个人统治才能给普鲁士－德国带来幸运和福祉。

1890年2月4日，皇帝威廉二世违反宪法规定，在未经帝国首相俾斯麦同意的情况下颁布了社会政策法令（俾斯麦坚决反对此法令）。保罗·凯泽博士兴高采烈地说，私下向皇帝提案的正是自己："好戏还在后头"，新闻媒体"会对呈现在他们面前的事实惊叹不已，就好比阿尔卑斯山的登山者在云开雾散后被明亮的山谷弄得目眩神迷一样"。瓦德西的喜悦之情也溢于言表："好像皇帝终于做了一回主，成功地压制住了俾斯麦一样。"在威廉二世的幻想中，私自颁布社会政策法令，以及不顾俾斯麦的强烈抗议召开劳工保护国际会议，已让他大获全胜。他相信自己可以继续这么肆无忌惮地同俾斯麦对抗下去。

然而帝国议会的选举结果却对皇帝极为不利，看起来帝国首相的位子要再次得到巩固了。三党联盟在选举中惨败，天主教中央党的席位增加到了106个，成为议会中起决定作用的一大政党，而拥有近 50 万选票、以共和思想和马克思主义为指导的社会民主党（SPD）成了德意志帝国第一大党。那么，此时此刻真的应该解除俾斯麦这个德意志帝国缔造者的职务，将德意志帝国的统治权交到一个没有经验的年轻皇帝手中吗？在皇帝阵营中，通过发动政变废除普选的呼声也很高，不过他们也认识到，实行暴力统治会让威廉二世倡导的社会政策沾上污点。更糟糕的是：俾斯麦会变得不可或缺，因而仍然会在与皇帝的权力斗争中笑到最后。当俾斯麦刚说到他提出的激进的《反社会党人非常法》和庞大的军事改革提案可能会让新选举产生的帝国议会感到不快，皇帝的密友们便惊呼：俾斯麦走出的这一步是"整局棋里最高的一招，是将军的一步棋"。他们认为，俾斯麦想借这种挑衅和迷惑手段使社会和平、普鲁士在德意志帝国的统治，以及德国与奥匈帝国和意大利的三国同盟同时受到质疑。他的所作所为都是为了将皇帝永远架空，进而一揽大权。

1890 年 3 月 12 日，一条消息如惊雷般炸开：帝国首相俾斯麦已与天主教中央党领袖路德维希·温德霍斯特（Ludwig Windthorst）就进一步停止"文化战争"问题进行了谈判。有人向威廉二世告密说俾斯麦与温德霍斯特的会面是由中间人布莱希罗德促成，皇帝听闻后怒不可遏。看到"俾斯麦—温德霍斯特—布莱希罗德"这一组合，威廉二世更加确信了瓦德西很久以前向他进谏时的假说：俾斯麦要把德意志帝国秘密交给犹太人统治！从帝国首相与中央党领袖的谈判中，威廉二世仿佛看见了"耶稣会信徒与富有的犹太人并肩同行"的画面。

水满则溢。1890年3月15日清晨，柏林的威廉大街上演了最暴力的一幕。皇帝威廉二世将时年75岁高龄的俾斯麦从床上揪起来，对他接见温德霍斯特一事破口大骂。此外他还指责说，俾斯麦搬出1852年的"老皇令"，阻止皇帝在首相不在场的情况下接见大臣。因此，威廉二世强烈要求撤销此命令，但俾斯麦拒绝了。威廉二世后来又说，俾斯麦对他的态度变得"非常粗暴"，他甚至都害怕这位首相"把墨水瓶砸到他头上"。在这场激烈的争执过后，瓦德西敦促皇帝在军事内阁大臣哈恩克元帅

（General von Hahnke）在场时立即将俾斯麦解职。他认为现状已经"完全无法维持下去了"，何况俾斯麦"和犹太人的关系如此密切"。威廉二世曾先后多次派哈恩克和御前枢密处主管赫尔曼·冯·卢坎斯（Hermann von Lucanus）向俾斯麦传令让他辞职，而俾斯麦终于如威廉二世所愿，在1890年3月18日递上了辞呈。但如果这时瓦德西已经认为接替俾斯麦的人会是自己，那么他必定会大失所望了：在俾斯麦递交辞呈的当天晚上，皇帝威廉二世向聚集在宫殿的军事将领们宣布，为了"彰显君威"，他"不得不向帝国首相发出最后通牒"。他会接受俾斯麦提出的辞职请求，并任命格奥尔格·列奥·冯·卡普里维元帅（General Georg Leo von Caprivi）为新一任首相。

1890年3月，威廉二世意气用事，用阴谋算计解除了德意志帝国缔造者俾斯麦的首相职务，这是他多年执政生涯中做出的后果最为严重的决定。它拉响了欧洲各国首府上空的警报，在德国国内造成的后果则更加严重，一如荷尔斯泰因在解职危机开始时预言的那样。威廉二世的枢密顾问团蒙蔽了皇帝的双眼，他们低估了一件事：当了28年首相的俾斯麦不管在政治精英群体中，还是在德国市民阶层中，都拥有强有力的支持。"维系国家"的阶层分裂成为斗争激烈的两大阵营——一边是皇帝，一边是俾斯麦，这给威廉二世执政的第一年带来了沉重负担。为什么威廉二世把俾斯麦这个"帝国缔造者"当作管家一样打发走，而且甘愿承担俾斯麦反对集团带来的风险？8年后俾斯麦去世时，威廉二世的所作所为清楚地回答了这个问题。他在给母亲的一封信中扬扬得意地写道："在这个世界上永远只有一个真正的德意志皇帝，不管他的个性如何，他独一无二的权力由上千年的传统所赋予，而他的首相只有服从的命！"

3 个人统治的建立（1890~1897年）

对于接替俾斯麦三大要职——德意志帝国首相、普鲁士首相和普鲁士外交大臣的人选，威廉二世为什么恰恰选了卡普里维，这一直是个谜。就连他弟弟海因里希王子一开始也以为这是假消息，因为他相信瓦德西肯定是新首相的不二人选，而卡普里维最多会升任总参谋长。选择这样一位特别正直、谦逊、和政治不沾边的元帅担任帝国首相，不免让人觉得皇帝的目的是将首相的权力抓在自己手里。不管是在宫廷内部，还是在保守的乡村贵族中间，卡普里维显然都得不到支持，在新选举的帝国议会中，更是没什么人拥护他。此外他完全没有外交方面的经验，换句话说也就是，他对怎样成为一名德国外交家根本一窍不通。加上威廉二世想逼赫尔伯特·冯·俾斯麦主动辞职的企图失败后，他任命了一个同样完全没有外交经验的人——荷尔斯泰因的养子阿道夫·马沙尔·冯·比贝尔施泰因男爵主管外交事务，卡普里维在外交上就更没有什么发言权了。将俾斯麦父子替换成卡普里维和马沙尔，这给德国外交造成的损失是难以想象的。

接下来发生的事仿佛命中注定一般：1887年俾斯麦同俄国签订了有效期为3年的《再保险条约》；续签条约之时，德国政府正处在混乱的过渡期。尽管瓦德西挑起了威廉二世对俄国的敌意，但威廉二世一开始是想要和俄国继续签订《再保险条约》的，只是他转脸又不同意了。他接受了卡普里维最终的反对意见，因为荷尔斯泰因向卡普里维解释说，（因被解职而）愤懑不平的俾斯麦有可能对外公开《再保险条约》内容，这可能会危及德国与奥匈帝国的伙伴关系。于是在一种恐慌气氛笼罩之下，一个极其重大的决定出台了，它让沙皇俄国同法兰西共和国早一步结了盟，也让德国开始面临两条战线作战的危险。

俾斯麦父子被卡普里维和马沙尔取代，绝不仅仅是人事变动这么简单。随着俾斯麦的下台，权力中心从首相转移到了皇帝身上，从威廉大街的绿书桌旁换到了宫殿里，从国家层面走向了宫廷内部。然而这种统治权的二元性，即皇帝比新上任的帝国首相拥有多得多的决定权，加大了出现危机的风险。身为皇帝、国王和军事统帅的威廉二世是庞大且富丽堂皇的宫廷中摇摆不定的中心，也是起主导作用、主要以贵族为主且等级森严的宫廷侍臣们围绕的对象。在这样的宫廷和宫廷大臣身上，很快就再也看不到旧普鲁士的简朴传统了。即便是游客，也能不费什么工夫地在德意志帝国首府找到权力中心的所在地：1888~1910 年间，帝国议会批给普鲁士王室的年俸从 770 万马克涨到了 1920 万马克；作为德意志帝国的皇帝，威廉二世还能额外领取每年 300 万马克的"最高支配基金"。因为拥有 60 多个宫殿和价值不菲的个人财富，威廉二世成了普鲁士 - 德国最富有的人。相比之下未婚的卡普里维却没什么积蓄，仅靠着微薄的收入住在威廉大街 77 号的老首相官邸，易北河东部的大庄园主们嘲笑他是"一贫如洗的首相"。他的秘书办公室则被设在狭小的首相府中。卡普里维的年俸只有区区 54000 马克。1895 年起，卡普里维的继任者克洛德维希·霍恩洛厄 - 希灵斯菲斯特侯爵（Chlodwig zu Hohenlohe-Schillingsfürst）每年能从皇家金库中秘密领取 12 万马克津贴，卡普里维得知后却没有表示抗议。到了冯·比洛（von Bülow）担任帝国首相期间（1900~1909 年），首相府才得到了相应的修缮，首相薪酬也才调整到了合乎帝国最高官员身份的水平。不过直到当时，德意志帝国皇帝的统治优势仍长期位于国家机器之上。

宫廷中存在强大的军事力量是"普鲁士军国"的一大特点。随着威廉二世即位，在一名值星副官长的领导下，这股军事力量集结成了"皇帝和国王陛下的大本营"。在宫廷的军事氛围中，威廉二世得以尽情地畅想各种针对平民的军事计划。两名风度翩翩的侍从副官总是陪伴在皇帝左右，这使得身材高大的军官与年轻的皇帝发展出了一种"极度虔诚的关系"。通过军事内阁，以及皇帝1889年亲自组建的海军内阁（Marinekabinett），威廉二世对德意志帝国陆军和海军的人事政策下达指令，因此对代表海陆军官团的两大家族拥有极大的影响力。此外，威廉二世还设立了御前枢密处，负责同普鲁士和德意志帝国主管机关的公务往来。由于经常接触皇帝，这三大机构的主管在政策制定上的影响力远远超过了国务大臣和国务秘书的影响力。

此外，我们不能忽略的是，19世纪90年代在皇帝和首相暗地里的权力斗争中，这两名主角的性格明显不同。在接任俾斯麦这个棘手的首相职位时，卡普里维的内心是极不情愿的。他也不愿意以威胁辞职的方式表达对威廉二世的抗议。普鲁士的 8 个国务大臣——甚至包括战争大臣在内——和 7 个国务秘书，在管理风格上，几乎无一例外不问政事，他们在俾斯麦的领导时期已经习惯了服从。人们也不指望他们会对皇帝的"权力扩张"提出多么激烈的抗议。只有当他们同心协力反抗皇帝时，才有可能迫使皇帝收回他们认为有问题的法令。不过，即便如此，这个办法仍不能长久，因为作为皇帝和国王的威廉二世可以不断将不服从他的大臣解职，并用"听话的人"取而代之，而且他也的确这么做了。

和这个"负责任的政府"根本上的顺从姿态不同，甚至可以说完全相反，威廉二世显得自信而精力旺盛，简直可以用狂躁来形容！在维护和扩大自己的特权过程中，威廉二世表现出了对权力的强烈渴望。他对"个人统治"的要求人尽皆知。还没即位时他就威胁说："等我掌了权，咱们走着瞧！"1891 年他在杜塞尔多夫的一次讲话中宣称，自己是帝国唯一的“主人”，他的眼里容不下任何人。他在慕尼黑市的贵宾签名簿中写到，国王的意愿就是最高法律。他大声疾呼：“我的政策才是正确的政策，它会继续指导人们前进的方向。”“毋庸置疑的是，我还会带给你们美妙的时光。”他在19、20世纪之交宣布：“我是德国政策独一无二的决定者，无论我身在何方，我的国家必须听从我的指挥。”威廉二世总是提出诸如此类不合时宜的权力要求，使得人们会非常严肃地质疑他是不是精神出了问题。历史学家路德维希·奎德（Ludwig Quidde）1894年撰写的文章《卡里古拉》（Caligula）就深得人心，因为他在文中直言不讳地批评威廉二世是“自大狂”（Cäsarenwahnsinn）。维也纳流传的一个笑话说，威廉皇帝想要在每次打猎中当鹿，在每次婚礼中当新娘，甚至在每场葬礼中当死人！

对于皇帝过高的统治要求，“后俾斯麦”时代的首相、大臣和国务秘书都无法反抗。威廉二世通过最恶毒的辱骂来压制他们。他常把自己所谓的处世宗旨挂在嘴边，显得充满攻击性。

"你们什么都不懂。只有我知道该怎么办，也只有我才能作决定。"他甚至骂战争大臣和军事内阁大臣"你们这些老蠢驴"。"外交部？"他轻蔑地说，"那又怎么样？我就是外交部！"他觉得整个威廉大街都被他这些"像屎一样的"外交官臭翻了天。当然，他要亲自任命符合他心意的外交官。直到1912年他仍固执地认为，"我只让我信任的、听我话的、执行我命令的人到伦敦去当大使"。

由于皇帝对权力的欲望如此之大，随着19世纪90年代危机渐起，那个"负责任的政府"放弃了对威廉二世"个人帝国"的抵抗也就不足为奇了。1892年卡普里维便辞去了普鲁士首相一职，继任者是顽固保守党人博托·奥伊伦堡（Botho zu Eulenburg）伯爵（菲利普的代表），卡普里维继续留任帝国首相和普鲁士外交事务大臣。再加上威廉二世提拔博托·奥伊伦堡为普鲁士内务大臣，帝国首相的权威更是"打了对折"。在"第9次危机"之后，威廉二世出乎意料地于1894年10月同时解除了卡普里维和博托·奥伊伦堡的职务，在他的"蓝颜知己"——菲利普·奥伊伦堡的举荐下，威廉二世任命75岁高龄的巴伐利亚侯爵克洛德维希·霍恩洛厄－希灵斯菲斯特为德意志帝国首相和普鲁士首相。来自巴登的阿道夫·马沙尔·冯·比贝尔施泰因继续留任外交部国务秘书，在帝国议会也占据重要地位。可以预见的是，笃信普鲁士－军国主义的霍亨索伦王朝统治者与威廉大街的"南德意志"自由派之间必定会爆发矛盾和冲突。在几次粗暴的争吵过后，威廉二世在1897年夏天以绝对胜利者的姿态结束了这场"内斗"——其间"黑色骑士"菲利普·奥伊伦堡也没少为皇帝出谋划策。结果，马沙尔·冯·比贝尔施泰因被一个唯命是从的外交官伯恩哈德·冯·比洛（Bernhard von Bülow）（也是皇帝"亲密朋友"奥伊伦堡提名的候选人）取代了，而且这个人从一上台就被指定为未来的帝国首相。霍恩洛厄虽然一直任职到1900年10月，但他显然已经沦为了皇帝手中的傀儡，连他自己也承认这一点。

正如俾斯麦提醒的那样，没有了身边大臣们的保护，威廉二世遭受了公众越来越猛烈的批评。1897年，左翼自由党议员欧根·里希特（Eugen Richter）在帝国议会公开谴责威廉二世的"个人统治"，赢得了现场经久不息的掌声。"如今的大臣们究竟在哪儿？放眼望去，只看得见唯马首是瞻的宫廷侍从、得到提拔的官吏、潇洒的骠骑兵政客和党羽……德国是一个君主立宪国家：按照'我行我素，国王的意志便是最高法律（sic volo sic jubeo, regis voluntas suprema lex）'原则，俄国的皇帝或许可以实现终生统治，可德国民众是不会让他们的统治者长期在位的。"1899年底，里希特和中央党党团主席恩斯特·利伯（Ernst Lieber）再次在帝国议会上猛烈抨击了威廉二世。威廉二世与时代脱节的统治方式和他陈腐倒退的观念，使他与他的国民处在随时陷入严重冲突的境地。

威廉二世即位时所表现出来的改革热情早已被他抛到了脑后。1890年，由欣茨佩特和保罗·凯泽提议的社会政策方针作为示范性政策推出后即到达顶峰——一旦将工人阶级从社会民主党中剥离出来这个目标没有实现，该政策便迅速宣告失败。1891年，皇帝威廉二世在波茨坦的一次讲话震惊了全世界。他向新兵们喊话，称只要他一声令下，"你们就必须把子弹射向你们的亲人和兄弟"。他在1894年提出的"颠覆草案（Umsturzvorlage）"没能在帝国议会通过。自此以后，威廉二世不顾卡普里维、马沙尔和荷尔斯泰因的坚决反对，用发动一场废除帝国议会普选权的政变，有力地压制了"反对派"（主要指社会民主党人）的行动。1898年，威廉二世在演习场上发表的祝酒词中要求对一切号召罢工或妨碍工人工作意愿的人处以监禁。在他的命令下拟定的"监禁草案"也因在帝国议会被大多数人反对而遭否决。他在世纪之交夸耀说："之前士兵没有把社会民主党领袖从帝国议会中揪出来按军法枪毙，局面就不可能会变好。"1900年柏林有轨电车工人举行罢工时，威廉二世发电报给柏林市警备司令："我希望你们介入此事，至少抓捕500名罢工者。"1901年他提醒驻扎在宫殿附近的亚历山大军团（Alexander-Regiment），必须"像贴身侍卫一样随时做好保卫国王及其宫殿、必要时赴汤蹈火的准备"。两年后他又威胁要为1848

年革命"报仇":他要把所有社会民主党人集中起来枪毙,不过要等他们先"好好地把犹太人和富人洗劫一番再说"。当时势头正盛的社会民主党(SPD)主席奥古斯特·倍倍尔(August Bebel)在帝国议会上表示,他的政党对"皇帝的为人"感到"深恶痛绝"。他断言,皇帝每次发出这样的言论,都会让工人党多赢得近 10 万张选票。人们再也找不到"关心社会的德意志帝国"的影子了。不过威廉二世也"暴怒"地发表过批评德国天主教的长篇大论;他在 1901年写道,天主教教义是"迷信,我决定要用毕生的时间彻底消灭它"。

在教育政策和推动技术革新方面,威廉二世反而表现出了令人惊讶的进取心。一方面,他受专制主义宫廷文化,以及与他数百万臣民进行阶级斗争的思想的深刻影响;另一方面,他又对技术进步下世界的现代化抱有实实在在的热情。他用独特的方式将这两者结合了起来。在欣茨佩特的幕后指点和威廉二世的召集下,1890 年和 1900 年普鲁士分别召开了两次"教育大会",指导高级中学改革工作。随后,普鲁士国立图书馆馆长阿道夫·冯·哈纳克（Adolf von Harnack）也顺着御前顾问欣茨佩特教育政策的方向，为威廉二世出谋划策。在他的帮助下，1911年威廉二世创立了著名的威廉皇帝学会（Kaiser-Wilhelm-Gesellschaft），也就是今天的马克斯·普朗克学会（Max-Planck-Gesellschaft）。这些举措被皇帝的"拥护者们"理所当然地反复强调和赞美，它们也的确值得赞赏。然而与威廉二世在内政外交上极度欠缺的统治相比，它们几乎无足轻重。

4 作为廷臣的帝国首相——耍花招的"比洛体系"（1897~1909年）

1897年夏天，威廉二世任命了两位与他性格迥异的政府高级官员，他们一方面体现了威廉二世个性中的矛盾，另一方面又极大地介入了他统治中期的决策。政治上不择手段的廷臣伯恩哈德·冯·比洛任外交部国务秘书，1900年（正如前文提到的"早有意向"）升任帝国首相；追逐权力的专家政治论者和带有"俾斯麦风格"的战舰狂热分子——海军上将阿尔弗雷德·提尔皮茨（Alfred Tirpitz），1897年夏天被提拔为帝国海军部国务秘书，一直任职到1916年。

比洛1893年起任大使，驻在罗马，1897年任外交部国务秘书，1900年任帝国首相和普鲁士首相。他的升迁之路是威廉二世的宠臣菲利普·奥伊伦堡一手安排的，可见那些年奥伊伦堡对威廉二世施加的影响力有多大。作为皇帝身边秘密顾问团的一员，菲利普·奥伊伦堡在威廉二世与俾斯麦的"斗争"中成了无可争议的胜利者。这位巴登大公蛰居在帝国政治的幕后，满足于偶尔从卡尔斯鲁厄向皇帝发出提醒。总参谋长瓦德西因为大胆批评了最高军事统帅威廉二世的演习指挥，1891年被施利芬（Schlieffen）伯爵取代。马沙尔·冯·比贝尔施泰因也在议会斗争和宫廷的钩心斗角中耗尽了精力。为了救卡普里维于水火之中，奥伊伦堡起初与荷尔斯泰因这位性格孤僻的枢密顾问合作紧密。然而1894年以后，这位皇帝的密友选择了自己的道路。奥伊伦堡和荷尔斯泰因首先在威廉二世应该如何利用手中的权力、制定德国政策问题上产生了分歧。荷尔斯泰因对威廉二世"个人统治"的后果提出了严重警告,奥伊伦堡则沉迷于将威廉二世的个人统治付诸实践的狂热中不可自拔,不管这种"个人统治"在国家机器、议会和全体国民中遇到多大的阻力。

奥伊伦堡首先增强了自己的权力地位。由于威廉二世的"宠爱",他很快升任普鲁士驻奥尔登堡(Oldenburg)公使,然后是驻斯图加特公使,1891年任驻慕尼黑公使。1894年威廉二世任命他为驻维也纳大使。奥伊伦堡逐步将他的亲朋好友安排在皇帝身边任职:他的表兄奥古斯特·奥伊伦堡伯爵(August Graf zu Eulenburg)1888年升任宫廷总管,他的哥哥博托1892年被威廉二世任命为普鲁士首相和内务大臣(见上文),1893年奥伊伦堡将他的两个密友库诺·冯·毛奇伯爵(Kuno Graf von Moltke)和阿克塞尔·冯·瓦恩布勒男爵(Axel Freiherr von Varnbüler)分别推上了侍从副官和符腾堡驻柏林公使的位置。奥伊伦堡在祝贺威廉二世提拔库诺·毛奇时说:"陛下今后会越来越发现，拥有这样一名副官是何等的幸运！一听说他能够辅佐我爱戴的陛下，我就感到心安和愉快。"奥伊伦堡、库诺·毛奇和瓦恩布勒私下里都称呼他们"爱戴的皇帝"为"亲爱的"。以"菲利（Phili）"·奥伊伦堡为核心的"利本伯格圆桌会（Liebenberger Tafelrunde）"①也充斥着这种亲密的气氛，朋友们也亲昵地称奥伊伦堡为"菲利娜（Philine）"。

威廉二世宠臣中最有才干的要数伯恩哈德·冯·比洛。和奥伊伦堡、库诺·毛奇和瓦恩布勒一样，比洛也有同性恋倾向，同时可以为了名利不惜付出一切代价。如赫尔伯特·俾斯麦所言，比洛与当时王储夫人维多利亚的朋友、离异女伯爵玛丽·冯·登霍夫（Marie von Dönhoff）的结合就像是"脱了一层皮"，从此以后他就变了个人。腓特烈三世（威廉二世的父亲）去世后，比洛便改旗易帜，向威廉二世最有影响力的朋友、未来的帝国首相（奥伊伦

---

① 威廉二世的密友圈，得名于奥伊伦堡伯爵的私人地产利本伯格宫（Schloss Liebenberger）。威廉即位前已常在该处打猎、会友。

堡）表了忠心。然而他在 1893 年又态度大变，他向奥伊伦堡解释说："你天生敏感，接受帝国首相这个帝国最高官职容易让你受到伤害，而我和你志同道合，抗压力比较强，有能力并且愿意为亲爱的陛下效劳。"当奥伊伦堡亲切地用"你"来称呼比洛时，他又这样写道："我们的灵魂如同亲姐妹一样，都来自万物神秘的源泉。"出于对这位虚情假意的朋友的信任，奥伊伦堡继续在幕后替他规划蓝图——尽可能顺利地把比洛推到帝国首相的位子上去。1900 年 10 月，比洛升任帝国首相，这也是威廉二世 30 年统治生涯中有关首相任免的唯一一次长远筹划。

比洛当然非常清楚，皇帝和他的密友为什么偏偏选中了他。在一封 1896 年 7 月 23 日的信件中，他吐露了心声："将来我会是一个与众不同的帝国首相。俾斯麦是在为自己谋权……卡普里维和霍恩洛厄自始至终都表现得像是'政府'的代表，甚至在一定程度上代表议会和陛下对着干。而我会把自己看作执行陛下旨意的工具，并在某种程度上充当他'司令部'里的政治领袖。我将积极为陛下开启真正的'个人统治'。"这个未来的帝国首相还预言说："即便没有实现真正的个人统治，对于我们亲爱的陛下来说也不会是什么坏事。"

1897 年 7 月，在从罗马返回柏林接管外交部的途中，比洛与他的恩人奥伊伦堡在法兰克福火车站见了一面。作为威廉二世的"危机公关员"，奥伊伦堡提醒比洛，他是皇帝手中"最后的王牌"，并将一张便条塞到他手里，意味深长地说："陛下习惯了把所有事情都看成针对他的人身攻击。只有充满人情味的阐述才能给他留下印象。他好为人师，却不情愿接受指导。他不能忍受枯燥和无聊；迟钝、死板和太细致的人会激怒他，这样的人也别想从他那里得到什么。陛下想要引人注目，一手包办和决定所有事情。可惜他想自己干的事，往往最后都走了样。他热爱名誉，有野心，嫉妒心还强。如果你想要实现一个想法，必须表现得好像这个点子是他想出来的一样……千万不要忘了时不时地夸赞他。如果没有经常得到赞扬，他就会从夸夸其谈变得闷闷不乐。如果你想要陛下听取你的每个建议，那么就不要错过应该夸奖他的时机。多亏他在这方面表现得就像一个聪明的好孩子。如果你在应该夸他的地方继续沉默不语，他就会记你的仇。我们两个人都要小心把握好恭维他的尺度。"于是，俾斯麦下台7年后，"比洛体系"在这样的基础上正式拉开了帷幕，它充其量只能作为皇帝和首相之间一种不可靠的妥协，而且显然蕴藏着做出无法收场的错误决定或者闹出丑闻的风险。

"比洛体系"是奥伊伦堡裙带关系制度化的延续。比洛承认："如果我不经常（口头和书面）维系与陛下的感情，那么这种辛苦的依附关系就会出问题。"在与威廉二世的日常交往中，比洛也像有奥伊伦堡在场一样注意拿捏"谄媚的程度"。不管我们现在看来，还是在当时人们的眼中，比洛搞的都是拜占庭式阿谀奉承的那一套，而且到了令人发指的程度。一位御前大臣气愤地发现，为了不遗漏皇帝下达的最高指令，比洛居然在他的衬衣袖口处做笔记。俾斯麦下台10年后，德意志帝国首相实际上降级成了廷臣。

比洛的目的显然是在"宫廷游戏"和风趣

的闲聊中让威廉二世形成自己的政策。他还想通过与善变的皇帝保持密切联系，避免皇帝在决策上出现后果严重的失误。可在这方面他绝不可能总是成功：1900年7月威廉二世就发表了一场血腥味十足的演讲，他在讲话中要求德国水兵要像匈人一样对中国人格杀勿论。此外，比洛还必须小心地避免这种"至高无上的信任"可能对他造成的威胁。他曾经说："凡是没有实现可能性，反而会让陛下对我产生不信任的建议，我认为没有必要提出。"而他建立的体系也验证了这一点。在这个专横、坚持要自己决定内政外交政策的皇帝与"小比洛"（威廉二世对比洛的昵称）之间，形成了一种共生关系。在这种状态下，事后根本看不出来是谁说服了谁、做了什么决定，另外，比洛为了不损害彼此的和睦，又频繁地违背良知做出妥协和让步。只有一点是明确的："比洛体系"耍的把戏糊弄不了德国民众，也满足不了20世纪初充满敌对气氛的世界形势对德国提出的要求。

第三章　不着调的世界政治家
（1896～1908 年）

1　欧洲的挑战：世界政策和炮舰政策

德意志帝国建立后，俾斯麦很快就认识到，他主导的三次统一战争（1864 年普丹战争、1866 年普奥战争和 1870～1871 年普法战争）已经达到了欧洲国家制度所能容忍的最大限度。通过在很大程度上放弃对海外殖民地的争夺，并同时鼓励其他欧洲大国（英国、法国、奥匈帝国和俄国）进行帝国主义扩张，俾斯麦一定程度上成功地将这些国家的竞争焦点从德国转移到了国外和其他存在利益之争的地区。对于年轻气盛、急切地想要有所作为、看重声望而且情绪容易波动的威廉二世来说，他完全不可能如此冷静和克制。由于他非常崇拜祖辈统治者［首先是"士兵国王"（腓特烈·威廉一世），其次是腓特烈大帝和他的祖父威廉一世］，他决心将他的权力从俾斯麦长年的"独裁统治"中重新夺回来。此外，威廉二世对昔日的霍亨索伦英雄抱有认同感和归属感，他认为自己有责任领导普鲁士－德国变得更加强大。1897年3月22日借祖父百年诞辰之机，威廉二世宣称，俾斯麦和陆军元帅毛奇伯爵只是他祖父的"小跟班"，扩大普鲁士疆域的不是他们，而是"威廉大帝"——德意志帝国的核心，他自己也打算将德意志帝国变为统一欧洲的核心。

威廉二世仿佛喝下了一杯由祖先崇拜、君权神授、军国主义和种族主义混合而成的毒酒，他坚信自己是上帝的工具，肩负着引领德意志民族——像盐之于地球不可或缺那样——走向辉煌时代的使命。威廉二世认为，在人类发展史中，上帝的意志决定了在受冕为王的统治者领导下一个民族的兴衰。"女性化的"拉丁人和斯拉夫人是人类的退化，而人类的未来只属于"男性化的"、信奉新教的日耳曼人。1905年3月22日（威廉一世诞辰），威廉二世在庆典上再次宣布要在不来梅为他的父亲竖立一座纪念碑："我梦想中的世界帝国应当包括新成立的德意志帝国，它应该首先得到四面八方的绝对信任，就像一个安静、真诚又友好的邻居那样。而且，当人们有朝一日谈论起历史上的德意志世界帝国或者霍亨索伦世界霸权时，它也不应该是通过武力征服其他国家或民族产生的，而应该是建立在有着共同目标且相互信任的国与国基础上的。"威廉二世在即位后不久就向他的好朋友奥伊伦堡谈到过所谓和平的"德意志使命"："我希望欧洲能逐步看清我政策中的基本思想：和平统治——一种拿破仑式至高无上的统治权。"1894年2月，威廉二世在普鲁士国务部也发表了类似的宣言："我们至高无上的统治权要通过军队和欧洲的贸易政策得以彰显。"1895年7月，他向瑞典和挪威的王储保证："我的全部心力和我对制定政策的全部思虑都是为了将全世界，特别是全欧洲的日耳曼人更紧密地团结在一起。"

回溯历史，从威廉二世如此"左右摇摆"的外交政策中也看得出来，几十年来他的核心思想一直是在德国领导下，将实行君主立宪制的欧洲大陆联合起来。然而德国在欧洲至高无上的统治权是否能通过和平方式实现，则要打个大大的问号，因为俄国和法国已经在1894年结成同盟，而"海洋帝国"英国最后也会出于安全考虑、为了保证自身独立和存续而团结其他欧洲国家，共同抵制德国霸权。

由于错误地估计了德国陷入众矢之的的境地的危险，威廉二世还在事关其他大国海外势力范围的问题上指手画脚。威廉二世将"'世界帝国'源于德意志帝国"奉为座右铭，1896年1月，他向布尔人总统（德兰士瓦共和国总统）、比洛的反对者克鲁格（Krüger）发去臭名昭著的祝贺电报。他冒着插手南非事务和与英国开战的风险，不以为意地说了一句："噢，这只是大陆上的事，不要紧！"一年后，威廉二世坚持要吞并中国的胶东半岛。帝国首相和外交部曾提醒他此举恐怕会损害俄国在中国的利益，他不顾这一警告并声称："从现在开始，我决心放弃我们在整个东亚被人认为过度谨慎甚至软弱的外交政策，采取全面严酷的手段，在必要情况下用最残暴的方式让中国人知道，德意志帝国的皇帝不是在小打小闹，与他为敌将会让他们大祸临头。"1900年，威廉二世又强行任命被讽刺为"世界元帅"的瓦德西出任镇压中国义和团运动的八国联军最高指挥官。

1898年秋天，威廉二世先后出访君士坦丁堡（今伊斯坦布尔）、海法、耶路撒冷、贝鲁特和大马士革，在世界范围内引发了轰动，将他奉行的"世界政策"暂时推向了高潮。和如今一样，当时威廉二世访问的这些地方都是列强和世界三大宗教（犹太教、基督教和伊斯兰教）彼此冲突的热点地区。1898年10月29日，威廉二世身着普鲁士陆军元帅军装，头戴软木头盔，骑着高头大马前往耶路撒冷参加路德会救赎主堂（Erlöserkirche）的落成典礼，俨然一副胜利者凯旋的模样，这必然让一直不信任他的当地统治者——奥斯曼帝国苏丹阿卜杜勒·哈米德二世（Abdulhamid II）感到不安。威廉二世在耶路撒冷的出现仿佛在向人们发出警告：

他已经将俾斯麦的那句名言——"整个东方都不值得哪怕一个波美拉尼亚掷弹兵为之牺牲"——抛在脑后了。威廉二世在耶路撒冷接见了西奥多·赫茨尔（Theodor Herzl），并针对犹太复国主义者的诉求友好地表示，他会宣布德国对巴勒斯坦地区的犹太人家园提供庇护。他还给当时的教宗发电报称，准备接管对圣地天主教徒的保护权。此外他还宣布向伯利恒德国新教圣诞教堂提供庇护。另外，伊斯兰教也没有失去这位德意志帝国皇帝的"厚爱"。威廉二世在大马士革称赞萨拉丁是"历史上最具有骑士精神的统治者"，并声称："请被尊为哈里发的苏丹及其遍布全世界的 3 亿穆斯林子民放心，德意志帝国皇帝将永远是你们的朋友！"同行的比洛很快意识到，这段祝酒词必定会在法国、英国和俄国造成灾难性的后果，三国政府都统治着数百万名躁动的穆斯林。然而比洛无权阻止这番话被公之于众：威廉二世已经把他的讲稿通过电报发给了君士坦丁堡方面。

至于皇帝威廉二世为什么要在东方世界演这么一出，从他的亲笔信中可以看出他狡猾的心思。这封信于 1898 年 10 月 20 日从君士坦丁堡寄给了沙皇尼古拉二世，一如既往地没有知会帝国首相。为了促使俄国同英国开战，他在信中写道，永远不要忘了"在你我突然面临要与我提到过的那个插手别国事务成瘾的大国（暗指英国）开战时，穆斯林是我们手中一张非常有分量的王牌"。威廉二世想要煽动和动员伊斯兰世界向德国的敌人开火，最好由一位出身普鲁士的元帅担任指挥官，这种最合他意的想法一直持续到了第一次世界大战期间。

就在当时，德国这个"迟到的德意志民族国家"表面上好像成了一个拥有广大殖民地的帝国。1899 年，比洛向威廉二世报告说，德国在南太平洋取得了两座萨摩亚小岛，这是德国海军和德国人民的伟大胜利。他夸张地向威廉二世保证，此举将"鼓舞德国继续在陛下的英明领导下，走上通往世界霸权、伟大与永恒荣耀之路"。从地中海以东，经美索不达米亚、波斯和印度，最后通往中国的陆桥首先成为威廉二世的远期目标：世纪之交，他在推动建设巴格达铁路时曾激动地大喊"我的铁路！"他同时声称，"数年来"他一直幻想着，美索不达米亚（今天的伊拉克）有一天能成为德国的殖民地。在非洲，他总是畅想有朝一日通过夺取比利时属刚果，能将德国的殖民地在中非连成片。包含荷兰和丹麦所属岛屿的加勒比海地区和之后的整个拉丁美洲都为德国海军、德国移民和德国企业主提供了大量"扩张"的机会。1903 年，美国总统西奥多·罗斯福（Theodore Roosevelt）向威廉二世提议，他应该把德国的触角伸向欧洲东部而不是西半球。威廉二世不以为然地回答说："别开玩笑了！那里可是俄国人的地盘。南美洲才是我们的目标啊，你这个老小伙儿！"华盛顿方面也逐渐认识到，威廉二世的"世界政策"如脱缰野马般不受约束，将对美国形成潜在的威胁，于是建立了美国海军大西洋舰队。不过这并不妨碍威廉二世时不时地——首先在 1908 年与政治评论家哈勒的会见中——建议美国人一起瓜分横在美国与德国中间的大英帝国！

于是在世纪之交，在威廉二世热切的关注下，位于柏林的德国海军司令部针对德国与正在崛起的北美洲共和国（美国）之间可能爆发的战争制定了军事行动预案。根据预案，德国的战舰将通过一次对波多黎各的袭击行动，挑动美国海军在加勒比海地区与德国海军作战。开战地点选在加勒比海地区，是因为美国在纽约长岛的军事力量一时间影响不到那里。与此同时，一支更大规模的军队会在新英格兰（New England）沿海地区登陆，向巴尔的摩和华盛顿推进。施利芬在1903年明确表示，要保证10万军队能从北大西洋进军，德国必须首先避免在欧洲开展军事行动。此后，进攻美国的荒谬计划就被取消了。没有什么比施利芬一针见血的评价更能凸显德国"世界政策"在战略层面进退两难的境地了：为了跻身世界强国行列，与大英帝国、庞大的俄国和殖民大国法国平起平坐，德意志帝国必须摆脱俄法同盟的"钳制"，并让奉行欧洲大陆均势政策的英国保持中立。可是，如何才能实现这个目标呢？

世纪之交以来，威廉二世和他的重臣们推崇两大军事战略：一个针对西边的英国，一个针对东边的俄国，都是想用快刀斩乱麻的方式解决问题。1897 年，威廉二世任命海军上将提尔皮茨为帝国海军部国务秘书，随即"提尔皮茨计划"出台。根据此计划，德国要在 1920 年之前建造 60 艘战列舰，并在北海和波罗的海巡逻待命。对于这个对海上霸主英国发起生死存亡挑战的计划，提尔皮茨表示乐观：为了保住海上优势，履行国际责任，英国可能不得不投入比德国新造战舰多一半的战舰来防御，长此以往英国的经济实力和人力都会抗不住。"提尔皮茨计划"的终极目标是打破英国的全球优势地位——不仅要抓住时机在与英国皇家海军（Royal Navy）在北海的战斗中取得决定性胜利，还要迫使伦敦方面做出政治上的让步，即通过签订和约确定德意志帝国在世界范围内的平等地位（尤其是德国对欧洲的统治地位）。不过这个看似由提尔皮茨精心策划的战略存在致命错误，那就是他大大低估了英国人的决心，以及英国寻求盟友的可能性。随着英国 1902 年与日本结盟，1904 年又与法国签订《英法协约》（Entente cordiale，又称《挚诚协定》），英国得以收回其派驻远东和地中海的战舰。这样一来，提尔皮茨的如意算盘就落了空，因为要与结成同盟的英日法三国海军（1907年俄国加入）抗衡，德国海军不可能有胜算。然而皇帝威廉二世仍坚持加速建造战舰，并公开向英国人挑衅，称如果他们继续坚持"没有底线的傲慢态度"，要求德国放慢建造战舰的速度，德国将向英国宣战。他还连声疾呼："不行！不行！不行！"对于德国外交政策负责人比洛来说，造舰计划就像是一件铁制女士束胸，极大地限制了他的活动自由。不过，即便有什么想法，他也永远不敢对这件皇帝最宝贝的东西提出质疑。

威廉二世这项宏伟计划最大的危险，在于给了英国人随时在一场先发制人的战争中击沉德意志皇家战舰的机会，特别是当后者的规模大到了令人发指的程度时。游走于这片"危险区域"时，威廉二世曾特别由衷地强调他对英国、对身为维多利亚女王长外孙与英国王室紧密血缘关系的热爱，他也嘲弄地搬出那句老话——血浓于水。1902年，威廉二世将他的计划全盘托出，他声称，"我是唯一一个还能牵制住英国人的人，要不然他们早就趁我的战舰还没造完的时候就开战了"。然而，如果英国人真的"提前"发起战争，威廉二世和他的海军上将能想出什么办法来应对呢？在20世纪的头几年，德国海军司令部都忙着在一项军事计划上获得这位最高军事统帅的首肯——占领丹麦和包围哥本哈根。威廉二世估计，英国公众不会接受德国强占这样一个中立小国。英国皇家海军将被迫向丹麦首都派出一支中型舰队增援，然后被等候在丹麦海峡的德国远洋舰队一举歼灭。接着英国皇家海军会将余下的舰队调往北海。直到1905年2月施利芬向德国海军司令部指出，德国海军计划派去侵略丹麦的两支舰队还要用于对法国的侵略战争，这项荒谬的军事计划才宣告流产。根据《英法协约》，德国不可能"仅针对英国一方"发动战争。

2 日俄战争和比约克岛的二皇会见（1904~1905年）

如果找不到解决来自西边战略困境的出路，那么德国在欧洲寻求霸权的野心，以及在海外某地建立庞大殖民帝国的想法都暂且只能是彻头彻尾的空想。然而随着 1902 年英国和日本结盟，国际社会内部受到了触动，它仿佛预示着皇帝威廉二世要利用他与沙皇家族的姻亲关系在东方打一场胜仗。沙皇尼古拉二世的妻子是威廉二世的表妹——黑森 - 达姆施塔特的阿丽基（Alicky），后者作为女沙皇改姓亚历山大，两者的结合是威廉二世促成的。威廉二世的弟弟海因里希则娶了亚历山大的妹妹艾琳（Irene）。"尼基（Nicky）"（尼古拉二世）1894 年即位以后，"威利（Willy）"（威廉二世）就在帝国首相和外交部不知情的状况下用英语和他通信，讨论非常有政治性的问题。布尔什维克在 1918 年公开了这些信件，全世界都为之震惊。"威利 - 尼基通信"在 1902 年尤为频繁。威廉二世毫不掩饰地表达了他所追求的目标：通过向尼古拉二世保证德国的支持而将俄国卷入一场对日战争。按照威廉二世的设想，如果成功了，那么俄国将长时间被牵制在远东地区，法国因此会在欧洲大陆陷入孤立无援的境地，进而最大限度地保证德国在整个欧洲的统治地位。

对于德国来说，1902~1905 年这段时间仿佛是打开跻身世界强国大门的最佳时机。在信件和电报，以及同天真的尼古拉二世在格但斯克［波兰语为 Gdańsk，德国称但泽（Danzig）］、塔林［Tallinn，当时称雷维尔（Reval）］和威斯巴登（Wiesbaden）的会面中，威廉二世鼓动尼古拉二世将战略目标从欧洲转移到吞并中国东北地区和朝鲜半岛上，并在印度、阿富汗和波斯向英国施加压力。威廉二世曾在 1895 年送给尼古拉二世一幅版画，正如他在画上那句著名的题词"欧洲各民族，保卫你们的信仰和家园！（Völker Europas, wahrt eure heiligsten Güter）"，他强迫尼古拉二世相信，上帝赋予了他保护基督教徒免受非基督教"黄祸"威胁的使命。尼古拉二世希望自己被看作"太平洋的海军上将"，威廉二世则想要充当"大西洋的海军上将"。他私下里同尼古拉二世说，之后包括法国在内的欧洲大陆会组建一个"神圣同盟"来抵御从大西洋吹来的民主之风。威廉二世这种"个人外交"的目标是，"将法国从英国身边拉开，让它向我们和俄国靠拢"。威廉二世眉飞色舞地向尼古拉二世解释道:"德国和俄国结盟将形成欧洲新格局,到时像荷兰、比利时、丹麦、瑞典和挪威这些欧洲小国都会向这个新的、庞大的重量级统治中心聚拢……就像自然规律中质量大的物体会吸引质量小的物体一样。这些小国会围绕着大的权力集团(俄国、德国、法国、奥地利和意大利)转……二国同盟加上三国同盟就是五国同盟,它的存在完全可以使所有不安分的邻国遵守秩序,甚至不惜动用武力来维持和平。"

1904 年 12 月,威廉二世再次和尼古拉二世通信,1905 年 7 月在芬兰湾的比约克岛(Björkö)与尼古拉二世会面时,威廉二世认为自己必须要祭出他人生中的最重一击,借此重建欧洲的国家秩序。所以当这座空中楼阁崩塌时,他就尤其感到失望。有人讽刺说,俄国大臣对"专制的"沙皇的影响力甚至比那个"负责任的"帝国首相对"君主立宪制的"德意志帝国皇帝的影响力还要大。因为尼古拉二世在其顾问的敦促下撕毁了在比约克岛签订的条约,他向威廉二世解释说，因为法国绝不可能主动同意（结盟）。威廉二世失望地回答道："这是我亲身经历的第一次失败。"

然而连比洛都意识到，威廉二世这种在重大政策方面"擅自做主"的作风蕴藏着极大的危险。1905 年 8 月 3 日，在和荷尔斯泰因商谈过后，比洛向威廉二世递交了辞呈，以示对他肆意修改《比约克条约》条款的抗议。这一辞呈让威廉二世崩溃了："这么跟您形容我的精神状态吧，我认为您，亲爱的比洛，要抛弃我了。我最好、最亲密的朋友这样对待我……我深受打击，我彻底崩溃了，我不由地担心自己是不是得了严重的精神病！"他乞求比洛收回辞呈，否则他就自我了断："看见您辞呈的那天早上我就不想活了！您想想我可怜的妻子和孩子们吧！"这的确是一番感人的肺腑之言，然而这样一个坐在"世界上权力最高的宝座"上大放厥词的独裁者、军国主义者和种族主义者居然有如此无助和依赖他人的一面，也着实让人感到震惊。

3 西方的战争？突访丹吉尔和阿尔赫西拉斯惨败（1905~1906年）

1904年2月，随着日本偷袭中国旅顺口，威廉二世期盼的日俄战争打响了。然而是否要利用这个时机向"宿敌"法国发动一场闪电袭击，威廉二世还拿不定主意。尽管俄军在海陆战场遭遇了意料之外的失败，而且爆发了1905年革命，然而只要沙俄被牵制在远东地区，冒险打破西方僵局的吸引力不仅不会减弱，反而会变得更加强烈。威廉二世从来对"高卢人"（他一直称法国人为高卢人）只有蔑视，他认为那是一个"女性化的"民族，一个由国王谋杀者和无神论者组成的民族。威廉二世对尼古拉二世说，和莱茵河另一边拥有3800万人口的法国相比，德国如今已有5600万居民，能派上战场的士兵比法国多300万。他还开玩笑地同一位来自美国的宾客说，德国人口比法国多那么多，哪天真开战了他还得要求法国人撤退，好给德国移民腾地方。

1904年1月，在又一次没有知会比洛的情况下，威廉二世泄露了总参谋部准备借西方大国发生冲突时突然袭击中立国比利时的计划。在为比利时国王利奥波德二世（Leopold II）举行的宴会上，威廉二世扬扬得意地声称，他和腓特烈大帝和拿破仑一世是同一派，正如腓特烈大帝在七年战争开端对萨克森发动突袭一样，他也会对法国发动闪电突袭。他还一本正经地向惊愕的比利时国王解释说，自己并没有开玩笑："如果欧洲开战，谁不站在我这边，谁就是与我为敌。"他要利奥波德二世"明确"回答，"如果德国与法国，或者德国与英国爆发战争，他会支持哪一方？"根据德国驻布鲁塞尔代表得到的消息（不过这已经是一年以后了），威廉二世曾要求他这位贵宾（利奥波德二世）"在开战之前发表一份书面声明，表明比利时在发生武装冲突的情况下站在我们德国这一方，同时承诺向我们提供比利时铁路和相关设施的使用权。如果利奥波德二世不这么做，他——皇帝陛下——就不能保证比利时的领土和主权不受侵犯。不排除随时会入侵比利时的可能性……而如果利奥波德二世现在就按照我们的意思发表声明，那么他——皇帝陛下——尽管不情愿，但也会尽量保证比利时王国现有领土和主权的完整，甚至可以将法国北部地区割让给比利时——此外，皇帝陛下在这里还使用了'老勃艮第'这个说法"。利奥波德二世被这通强硬的言辞扰得心烦意乱，以至于起床时把头盔都戴反了。可想而知，这个如此耸人听闻的消息迅速地传播开来。巴黎和伦敦方面因此作出回应，在1904年春天签订了《英法协定》。

至于皇帝威廉二世向比利时国王利奥波德二世承诺割让法国北部地区的真正目的，则在一封电报中显露无遗。这封电报是1905年7月威廉二世在签订《比约克条约》后立即发给帝国首相比洛的。他在电报中写道，如果现在同英国开战，"那么必须立刻向布鲁塞尔和巴黎发电报，让这两国在6个小时内发表声明，表明是否支持我们。我们的军队必须即刻开进比利时，因为比利时一定会站在我们这边。而法国方面则要看它是否会保持中立"。威廉二世认为，如果法国选择中立，"那么就要考虑是否要为了争取法国对我们的支持而向它承诺不吞并比利时，以此作为对法国失去阿尔萨斯－洛林的补偿"。如果法国开始备战，对我们的战争威胁无疑对英国有利，"那么我们必须把俄国也拉进来并肩战斗"。皇帝威廉二世就像喝醉了酒似的，在电报中继续写道："我相信，为了诱使俄国人和我们结盟，光是让他们想想在美丽的高卢肆意掠夺的画面，就足以让他们开心得手舞足蹈……要马上获得俄国的支援不太可能，因为它们的军队正忙着应付爆发的战争和国内革命，没有可用的战舰。不过这倒是让我们没了后顾之忧！总之，形势大好！"此外，威廉二世还在1904年2月干了一件"大事"，可见他彼时彼刻想在西边挑起一场战争的愿望是多么强烈：他私下里告诉荷兰女王威廉明娜（Wilhelmina），一旦开战他准备派兵驻守荷兰海岸线，以阻止英国军队从那里登陆。

可想而知，在这种充满敌对情绪的背景下，德意志帝国皇帝于1905年3月31日突然出现在直布罗陀海峡另一边——位于摩洛哥的著名国际港口城市丹吉尔时，全世界都感觉受到了挑衅。威廉二世的这次访问触发了一场严重危机，第一次将世界列强推到了大战的边缘。英国国王爱德华七世（Edward VII）坚信，威廉二世在骑马巡游丹吉尔后确实产生了挑起一场战争的想法，继而将他的外甥（威廉二世）视为英国最危险的敌人。德国外交官纷纷谴责以威廉二世为核心的皇室军队，认为是他们"强行将战争推到了爆发的临界点"。其他人再次将矛头指向比洛，特别是枢密顾问荷尔斯泰因，认为皇帝是在这两人的极力劝说下，才从勉为其难转变成了主动挑衅。

由于缺乏完整的史料，历史学家们对此的看法并不一致，不过确凿无疑的是，在比洛的掩护下，在与施利芬的密切接触下，荷尔斯泰因是德国在摩洛哥政策上真正的策划者。如果这个吹毛求疵的枢密顾问认为直接在欧洲西边挑起战争的时机尚不成熟，那么他在第一次摩洛哥危机时奉行的坚定路线就是特意考虑了德国与法国（和英国）有可能开战的结果。当时法国面临两个选择，一是通过签订条约的方式和解，二是坐等被普鲁士－德国军队袭击。德国在北非谋求的不是领土或商业利益，而是为了故意制造法国与其"协约国伙伴"英国之间的矛盾。因为法兰西共和国在可预见的未来得不到德国盟友俄国的支持，那么在德国的战争威胁下，它一定会承认德国在欧洲大陆的霸主地位。然而显而易见的是，这种令人眼花缭乱的冒险行动根本达不到预期的效果，除非德国发出的战争威胁是实实在在的，并且彻底让人信服。恰恰在这一点上，荷尔斯泰因组织的这场赌局出现了一个意料之外的不稳定因素，那就是皇帝本人。

日俄战争爆发后，威廉二世也做出了特别有攻击性和好战的行为，他根本认识不到在西方向两个大国（英国和法国）发起战争究竟有多危险。德国的陆军都还没有做好战争的准备，就更别提德国海军了。威廉二世也清楚，一旦爆发侵略战争，可能得把自己的人民派上战场。此外，战争大臣冯·艾内姆（von Einem）向最高军事统帅威廉二世解释说，德国的野战炮兵也不如法国的多。当一名英国海军上将威胁要击沉德国那些建造了很久却迟迟没有完工的战舰时，皇帝威廉二世抓狂了。他在新闻报道中怒气冲冲地回应道，英国人有意在战争爆发时向欧洲大陆派遣一支由 10 万名士兵组成的远征军。他指责说，那些在发生冲突时抱成团和保持中立的国家，它们的真正立场和它们的表态根本八竿子打不着。不过并没人相信威廉二世能有一天实现他的"宏图大业"——征服伊斯兰世界。最后比洛又向威廉二世提出，施利芬年事已高，无法指挥一场大战。根据一名在场人士的记录，意识到"有这位皇帝在，这场仗就打不起来"时，帝国首相"本来悬着的心终于落了下来"。

1905 年 12 月 28 日，威廉二世在新宫与英国—南非钻石大王阿尔弗雷德·拜特爵士（Sir Alfred Beit）进行了深入会谈，这场会谈起了决定性作用，因为阿尔弗雷德·拜特爵士在会谈中表示支持英国。拜特坚信英国在摩洛哥问题（协约国核心问题）上一定会保护法国。会谈结束三天后，威廉二世在元旦前夜写了一封信，这封信是他整个执政生涯中最臭名昭著的一封。他在信中向比洛列举了反对立刻发动一场"世界大战"（威廉二世的原文）的理由。他这样解释道："英国会因为摩洛哥问题向我们报仇，如果我们向法国发动袭击，这无异于给了英国盼望已久的机会，它正好可以打着'支援受到突袭的弱者'的旗号，堂而皇之地向我们发动进攻。这不是我们想要的，也不是我们动员自己国民的方式……如果您，亲爱的比洛，考虑到有开战的可能性，那么您必须果断地寻找盟友。它们必须无条件地向我们提供援助，因为它们的生死存亡也维系在一场可能爆发的世界大战上。不过首先必须不惜一切代价，立即与苏丹结盟，以便让（普鲁士领导下的）伊斯兰势力最大限度地为我所用。除此之外还要和所有阿拉伯国家的统治者结盟，因为要向高卢和英国两国同盟宣战的不只是我们。明年对我们来说尤其不利，因为那时正好要为我们的炮兵重新装备新的（后座式）大炮，工期需要一年。而且趁这次换新，我们的步兵也会装备新的机枪和弹药。梅斯（Metz）还到处是未完工的堡垒，炮兵小分队也刚抵达那里不久。因此我们的军事技术还没有高到一定程度，足以让我这个最高军事统帅轻易允许我的军队去打这场无准备之仗。"威廉二世抱怨到，因为帝国议会长年反对扩充海军，德国的海上力量"简直弱到了极点"。"我们肯定抵御不了一支英法联合舰队的攻击。"然后威廉二世又继续写道："因此我想紧急提议，尽最大可能避免做出开战的决定。此外，社会主义者们正在为公然发动叛乱做宣传和准备，在不特别危及民众生命和财产的情况下，我可以不从大陆派兵打海战。先把这些社会主义者枪毙、砍头——不排除用血腥屠杀的方式消除其危害，然后再发动对外战争！不过不会提前打，也不会马上就打。"

威廉二世反对开战的决定打乱了荷尔斯泰因的计划。随着德军笨重的大炮开入阵地，虽然签订《英法协约》的法国外交部部长德尔卡塞（Delcassé）被迫下台，应德国的要求也将召开阿尔赫西拉斯（Algeciras）国际会议，但是接下来又该怎么办呢？德国代表团一直得不到柏林方面的指示，其余国家（奥匈帝国、法国、英国、西班牙、意大利、葡萄牙、荷兰、比利时、瑞典、挪威和美国）的代表在阿尔赫西拉斯——这座西班牙南部海港小城里几个月来都摸不着头脑，他们想不明白德意志帝国的整个行动究竟是出于什么目的。1906年3月7日，比洛终于遵照威廉二世的旨意，向阿尔赫西拉斯会议首席谈判代表拉多维茨（Radowitz）做出了让步。好战的德意志帝国做出了完全与其原本目的——拆散盎格鲁－法国协约国关系——截然相反的举动，表明了要促进这两个西欧大国更加紧密合作的态度。更糟糕的是：除了奥匈帝国以外，其余所有与会国家（包括新兴大国美国在内）都站到了德国的对立面。威廉二世不计后果的挑衅政策使得不平静的德意志帝国陷入了被孤立的境地。

4 逐步升级的德英矛盾

1904年初，威廉二世透露了想让自己的侍从副官兼知己赫尔穆特·冯·毛奇（Helmuth von Moltke）——威廉二世习惯称呼他为"尤利乌斯（Julius）"，他也是传奇陆军元帅毛奇的侄子，一般称"小毛奇"——接替施利芬总参谋长一职的想法。如果说顺从的比洛是由菲利普·奥伊伦堡引荐给威廉二世的话，那么小毛奇则是这位最高军事统帅自己的定夺。这个选择简直就是威廉二世"个人统治"赤裸裸的写照。作为拥有一个具有历史意义姓氏的人，以及一名"巨人掷弹兵（Lange Kerl）"（威廉二世有意仿效"士兵国王"威廉一世设立了近卫兵团），小毛奇在宫廷和皇帝的"个人外交"方面都发挥了不小的作用——正是他代表威廉二世向沙皇尼古拉二世递交了那幅描绘"黄祸"的《欧洲各民族！》版画，然而他担得起总参谋长这个重任吗？威廉二世不顾军事内阁大臣和几乎所有人的反对，将普鲁士－德意志帝国军队最有影响力的职位交到了小毛奇这位宫廷军师的手中。当躺在病榻上奄奄一息的瓦德西听说威廉二世的这个决定时，他无不叹息地说："没有什么比这个任命更让总参谋部蒙羞的了。"在妻子的影响下，小毛奇和研究神秘学的鲁道夫·施泰纳（Rudolf Steiner）走得很近。小毛奇气质忧郁，而且笃信宿命论，他其实是最不适合担任总参谋长这个责任极为重大的职务的人选。不过威廉二世仍然坚持他的决定，并没好气地说他"不需要总参谋部，只需要和自己的侍从副官商议便可以决定一切"。瓦德西注意到，威廉二世的"大人物意识越来越强烈,已经到了让人害怕的地步"。

随着 1906 年 1 月小毛奇被任命为德意志帝国总参谋长,又一号人物登上了柏林的政治舞台。在与威廉二世的密切配合下,小毛奇参与制定了直至 1914 年大战爆发的德国政策。作为"负责任的"帝国首相,比洛不敢质疑皇帝推崇的"炮舰政策"——虽然他越来越认识到这个政策会带来灾难性的后果。作为非军事人员,比洛更是不敢涉及军事指挥权的"圣地",也更不敢过问最高军事统帅威廉二世和他新提拔的总参谋长暗中策划的军事计划。和海军政策上的"威廉二世—提尔皮茨"统治模式,以及军队中的"威廉二世—小毛奇"组合相比,帝国首相差不多就是个虚职。这让比洛失去了讨价还价的空间。特别是在阿尔赫西拉斯会议上让德国颜面扫地之后,威廉二世更是比任何时候都想要把对英政策的决定权牢牢地握在自己手中。

首先让人惊讶的是,尽管沙皇俄国在日俄战争中遭受重创,1912 年以后又陷入了腹背受敌的境地,小毛奇却并不赞成将俄国视为德国潜在的攻击对象。不过同威廉二世和提尔皮茨的想法一致，小毛奇仍将英法两大西方大国，主要是英国，看作战争对手。也许《比约克条约》已经成为废纸一张了，在第一次摩洛哥危机之后，威廉二世和他的新总参谋长都把希望寄托在俄国身上，他们希望俄国能在欧洲可能发生的军事冲突中保持中立。1908年7月，在"霍亨索伦号"皇家游轮上和小毛奇会谈过后，最高军事统帅威廉二世向帝国首相比洛发去一封电报，称一旦西方爆发战争，比洛必须想到"英国会主动袭击我们的可能性，法国会不会趁机也向我们宣战。这样我们就成为被袭击的一方了"，而且俄国也可能不再会遵守条约支援它的盟友法国了。因此，作为德意志帝国的首相，比洛必须"在反复斟酌我们政策的前提下，想办法让英国和法国主动攻击我们，借此让我们成为被侵略的那一方。小毛奇和我也会怀着对上帝的笃信，坚定而平静地迎接这种转变带来的各种艰巨任务"。以1870年著名的"埃姆斯电报（Emser Depesche）"为范本，主动挑起防御战成为当时在小毛奇领导下德国战争计划的核心。与此同时，遵照威廉二世的指示，要将提尔皮茨提出的《战舰法》（Flottengesetz）"贯彻到底；至于它适不适合英国人，都无所谓！如果他们想开战，他们会先动手，我们不怕打仗！"

由于威廉二世是英国王室的"亲戚"，这导致他在同自己的大臣和外交官谈论起有关英国的事务时总是表现出极度轻蔑的样子。他一再强调英国人只理解粗鲁的直率。1908年前后，他这种不得体的行为愈演愈烈，就连比洛都怀疑他是不是疯了。1908年2月，在没有知会帝国首相、外交部国务秘书或海军上将提尔皮茨的情况下，威廉二世向时任英国海军大臣崔德默勋爵爱德华·马乔里班克斯（Edward Marjoribanks, Lord Tweedmouth）寄去一封有意欺骗又充满讽刺的信，他在信中保证德国的《战舰法》不是针对英国制定的。这封信堪称威廉二世最糟糕的一次"擅自行动"，还引发了严重的国际危机。政治评论家马克西米利安·哈登（Maximilian Harden）认为这封信"比克鲁格的电报让人生气得多得多"。提尔皮茨得知此事后以辞职相要挟，非要为自己在参议院安排个位置才罢休。比洛和外交部国务秘书冯·舍恩（von Schoen）则紧急召见英国大使，以便向其询问，引起轩然大波的那封信是不是真的出自皇帝威廉二世之手。"会见结束后，比洛瘫倒在沙发上，头向后靠着，满脸通红……"女侯爵玛丽·拉齐维尔（Marie Radziwill）怀疑威廉二世得了精神病，否则无法解释他为何如此独断专行且毫无责任感可言。"我从来没见过哪个国家元首做出这样轻率的举动，不仅缺乏手腕，更是将职责抛在了脑后，"她叹了口气又说，"我现在完全相信，我们的皇帝病了，他的脑子已经不正常了。"

然而更糟糕的还在后面。1908年8月11日，威廉二世在克隆伯格（Kronberg）的腓特烈城堡（Schloß Friedrichshof）与英国常务次官查尔斯·哈丁爵士（Sir Charles Hardinge）就关乎英德两国生死存亡的海上军备竞赛进行会谈，在场的还有威廉二世的舅舅——英国国王爱德华七世，双方在会谈中爆发了激烈的争吵。据威廉二世自己称，面对英国人提出减缓德国战舰建造速度的迫切要求，他回应道："让我们用决斗来解决问题吧，因为这关乎国家的尊严与威望。"比洛惊慌地发现，原来皇帝是想借克隆伯格"论战"将"1870 年 7 月威廉一世和贝内德狄（Benedetti）在埃姆斯发生的一幕"重新搬上"世界历史的舞台"。

同年夏天，威廉二世在"北国之旅"期间接受了美国政治评论家威廉·巴亚德·哈勒博士（Dr. William Bayard Hale）的采访，这次采访就像是一把野火从一个内阁烧到了另一个内阁，并造成了无法估量的损失。深感震惊的哈勒将威廉二世在访谈中吐露的内容电传给了纽约方面，并提醒说："德国正等着和英国开战，依我看来，这场大战是今天打还是明天打，威廉皇帝并不在乎。在长达两个小时的采访中，他一直在滔滔不绝地侮辱英国人。"哈勒称，威廉二世反复强调："德国已经做好了随时和英国开战的准备，越早打越好。他声称英国将德国当敌人看待，因为德国是欧洲大陆最强大的国家，攻击最强大的国家是英国惯用的招数……英国在布尔战争（Burenkrieg）后就没有停止衰退，那是一场与上帝为敌的战争，直到现在英国仍在接受惩罚。"哈勒说，威廉二世在采访中透露："他要从英国手中拿下埃及，再从土耳其手中抢走'圣地'，还要竭力效仿十字军当年的做法……他看上去对他的舅舅爱德华七世极为不满，他埋怨他煽动其他大国反对德国……皇帝在整个访谈中一直来回走动，谈吐粗俗，说话一字一顿……他就像通电了一样，一谈到英国就禁不住闭上双眼，简直可以说对英国恨之入骨了。"好在比洛及时阻止了这篇访谈内容被公之于众。如果1908年11月，也就是威廉二世的访谈发表在《每日电讯报》的同时，此次访谈内容被公开，那么威廉二世必定会被迫退位。对于美国人来说，他发表的长篇大论实在过于耸人听闻。

在威廉二世对英国大发雷霆的背后隐藏着两大欧洲国家秩序之间不可调和的矛盾，一方面是保持均势，另一方面是霸权统治。几百年来，维持大陆"均势"一直是英国欧洲政策的指导原则。至于是反对菲利普二世统治下的西班牙，还是反对太阳王路易十四和拿破仑统治下的法国，英国考量的出发点都是保障自身的利益，尤其要保证自己的存续。因此在欧洲大陆的权力天平上，英国始终偏向实力较弱的国家阵营一方，以避免出现某一个国家"独大"，进而称霸欧洲大陆的情况。19、20世纪之交，伦敦方面和富有影响力的英国舆论一致确认，在威廉二世这位令人紧张、野心勃勃，同时又极度反复无常的皇帝的领导下，无往不胜的德意志帝国是打破欧洲大陆均势的最大威胁。因此英国在布尔战争后决定放弃"隔岸观火"，（正如威廉二世一开始希望的那样）不与德国结盟，而寻求与受德国威胁的法国——法国1894年之后再次与实行专制统治的沙皇俄国站在了一起——相似的政治立场，便不是出于偶然了。尽管英国、法国、俄国这三大备受德国威胁的欧洲强国在国家制度方面各不相同，在争夺海外殖民地问题上也互为对手，然而这些都不足以妨碍它们团结一致。国家利益至上原则迫使英国同法国和俄国站在一起，共同抵制日益强大的德意志帝国。英国国王爱德华七世在1909年的某次讲话中一语中的，他说，如果英国在欧洲大陆爆发的战争中袖手旁观，那么德国有可能"一个接一个地毁掉自己的敌人……直到有一天将攻击目标对准我们自己为止"。然而在威廉二世看来，1904~1907年英国、法国、俄国相继签订的三国协约相当于对他的帝国形成了"包围之势"，这种封锁打破了他让德国称霸欧洲大陆的希望。他首先认为，是他的舅舅爱德华七世遏制了自己的野心。他充满挫败感地大喊："他就是个魔鬼，根本没人会相信他的鬼话！"1905年以后，德意志帝国在国际社会的孤立状态已不容忽视，皇帝威廉二世和德国公众都陷入了恐慌、焦躁的情绪，而各种丑闻的爆发，恰好给了这种情绪一个出口。

第四章　屡次爆发丑闻的君主
（1906~1909 年）

1　奥伊伦堡丑闻（1906~1909 年）

在荷尔斯泰因口中，菲利普·奥伊伦堡是"在皇帝身边，看着他走上歧途的黑色骑士"。在他的献策下，年轻的威廉二世皇帝引发了19世纪90年代的"首相危机"——通过任命比洛为外交部国务秘书和帝国首相，最终实现并暂时稳固了他的"个人统治"。尽管身为大使的奥伊伦堡可以避免被派到那些对待同性恋方面比德国更为严厉的国家，然而他极为放纵的同性恋生活还是让自己身处危险的境地。1894年以前奥伊伦堡曾任普鲁士驻巴伐利亚公使，即使当地对同性恋相对宽容，他放荡不羁的作风也传遍了街头巷尾。他当德国驻维也纳大使期间被秘密警察跟踪，警察跟踪他的目的并不是指控他，而是防止他被勒索者骚扰。尽管如此，维也纳一名职业游泳救护员还是以封口费为名成功向他勒索了6万马克。对于奥伊伦堡提出的用国务经费来支付这笔钱的傲慢要求，时任帝国首相霍恩洛厄怒不可遏。

为了取悦奥伊伦堡这位朋友，威廉二世在1897年将库诺·毛奇伯爵派到维也纳给他当武官，事实证明这个决定的后果是灾难性的。也许是为了掩盖自己的同性恋身份，库诺·毛奇在那之前不久娶了年轻的莉莉·冯·克鲁泽（Lili von Kruse），并坚持带她一同常驻维也纳。这个错误直接导致莉莉·冯·克鲁泽见证了她的丈夫与奥伊伦堡堪称"热烈"的同性恋关系。当她提出离婚，并威胁库诺·毛奇要将两人搞同性恋的事公之于众时，她差点被强行送入精神病院。她将这些经历告诉了她的医疗顾问恩斯特·施文宁格尔（Ernst Schweninger），后者的客户还包括俾斯麦、威廉二世的一个妹妹和政治评论家马克西米利安·哈登。1906年11月，马克西米利安·哈登在他供稿的杂志《未来》（Die Zukunft）上发表了抨击"利本伯格圆桌会"的评论文章，而那时奥伊伦堡和库诺·毛奇的同性恋倾向早就人尽皆知了。

尽管奥伊伦堡由于害怕事情败露，1902年就不得不辞去大使一职，并与皇帝威廉二世保持距离，然而他在私生活方面依然我行我素。1906年4月，就连当时被解职的荷尔斯泰因都威胁奥伊伦堡要将他的丑事公开。他惊讶地表示，"菲利普·奥伊伦堡见不得光的丑事太多了，随便找一件就够他受的"。他又说："不过这种本性有时是因为受到神经疾病的过度刺激。"人们不敢相信：半失明的荷尔斯泰因竟然向皇帝最亲密的朋友发出了侮辱性的决斗挑战信，决绝得几乎不留一点余地："我的菲利！我这样称呼你说明我不尊重你，因为'菲利'对现在的人来说不是什么好词儿。"经过符腾堡公使瓦恩布勒的调解，即任命奥伊伦堡为他的副手，"以保护国家利益"为名，一场生死决斗才得以避免。

随着《未来》杂志在"奥伊伦堡丑闻"上含沙射影的程度越来越高，1907年5月2日，年轻的王储威廉终于认为有必要让他"惊慌失措"的父亲威廉二世看看这些"对他有所指的"文章。与此同时，哈登还写信向荷尔斯泰因打听威廉二世的性取向问题，后者辩解道，"陛下对此完全不知情，他把这类事情视为犯罪，也从来没有从医学著作中了解过什么"。事实的确如此吗？根据已知的情况，威廉二世从未被证实有同性恋行为，不过他曾在打猎时和奥伊伦堡同住一个房间，与奥伊伦堡和主要"目击证人"雅各布·恩斯特（Jakob Ernst）在施坦恩贝格湖一起划过船，还将奥伊伦堡的画作挂在了自己的船室。那么皇帝威廉二世是不是真的在"利本伯格朋友圈"被称作"小宝贝儿"呢？尤其在那个时候，对他最亲密朋友的同性恋倾向他难道真的一无所知？奥伊伦堡在法庭上曾得意地说，他"在陛下面前既没有隐私，也没有任何秘密可言"，而且这种信任完全是相互的。威廉二世曾向奥伊伦堡做过一番"痛苦的剖白"，哭诉他与妻子的关系："我应该怎么做才好？这些无休止的危机和争吵快让我崩溃了。我受不了了。"那么在同一时期，"利本伯格朋友们"的感情问题难道不会成为谈论的话题吗？1898年，瓦恩布勒从奥伊伦堡那里听说了他们共同的朋友库诺·毛奇婚姻破裂的事，他急忙向库诺·毛奇保证，皇帝会完全理解他的处境与遭遇的。他说："还有我的小伙子——我确信，把这件丑事告诉我们的'小宝贝儿'并因此同他保持距离，会让你更加痛苦。不过让自己受点折磨还是有必要的——他够男人，能让妒忌的流言蜚语烟消云散——而且他用你的方式了解你、爱护你，只不过是为了减轻你的内疚感。"

显而易见，这个"男人帮"充满了同性恋气氛。不过即便我们愿意这么想，"性"却不是威廉二世对他"利本伯格朋友们"偏心的主要原因。在这个以奥伊伦堡为核心的复杂圈子里，威廉二世能够发现自己的艺术才能，可以像孩子一样无拘无束地玩笑嬉闹，玩一些通灵的把戏，还可以为他常常搞不定的政治危机收获一些明显不求回报的点子。不过在与温柔的奥伊伦堡的友谊中，威廉二世首先找到了那种他童年时缺失的、无条件的爱与赞美。正是威廉二世这种"拜占庭式的"盲目崇拜受到了哈登的公开谴责。

尽管哈登的口诛笔伐越来越带有"恐同"的口气，然而他向"利本伯格圆桌会"发起的进攻也并不是针对同性恋，而是针对他尤其在"骄纵的"奥伊伦堡身上感受到的性格特点：他对皇帝威廉二世热情似火且绝对宽容的态度；他对神秘主义、招魂术和求神治病的偏好；他建立的、声称要保护皇帝不受严峻现实影响的小集团；最后还有他在外交政策方面，面对他认为对德国国家安全有威胁的人时，因为对方同性恋身份而采取的友好纵容态度。此外 1906 年 11 月还有消息称，在奥伊伦堡的召集下，声名狼藉的同性恋者——法国大使勒孔特（Lecomte）曾和喋喋不休的威廉二世在利本伯格宫密会长达三天，这成了压死骆驼的最后一根稻草，开启了哈登的讨伐运动。

在"利本伯格圆桌会"受到舆论攻击后，帝国首相比洛陷入了进退两难的境地，他试图用连他自己都厌恶的两面派做法来解决。一方面，利本伯格小集团自诩对威廉二世有足够的影响力，实际上准备推翻已被"架空的"比洛，夺取他首相的权力：打算让总参谋长小毛奇兼任帝国首相，让瓦恩布勒出任外交部国务秘书或驻圣彼得堡大使。另一方面，比洛的"同性恋历史"也让他以同样的方式出过丑，他随时都可能被这桩丑闻牵连。他能得到皇帝的垂青一步登天，要感谢奥伊伦堡的举荐，何况奥伊伦堡还握有他大量的信件，信中充满了他对奥伊伦堡和"受人爱戴的皇帝"的示爱。此外，比洛的同性恋倾向并不是没有坐实，特别是他曾把自己在罗马的同性恋人马克斯·舍费尔（Max Scheefer）任命为自己在帝国首相府的私人秘书。当哈登向利本伯格集团"开战"时，为同性恋争取权利的先锋阿道夫·布兰德（Adolf Brand）甚至想要"弹劾"比洛，并为此被处以18个月监禁。

可想而知，为了掩盖可能会给帝国政体和名誉，包括他自己带来无法估量损失的道德丑闻，比洛认为让奥伊伦堡偷偷逃往国外是唯一的解决办法。他召见瓦恩布勒，先"像往常一样表示与'菲利'的友谊深厚"，之后便递给他一份足以扳倒奥伊伦堡的罪证材料。这份材料包含"维也纳、慕尼黑和柏林的政治风纪警察所出具的秘密报告"，当时存放在德国外交部的保险箱中。尽管受到警告，奥伊伦堡仍然拒绝逃往国外，他指望着用虚张声势来蒙混过关。他坚决否认有任何"不正常的倾向"或"下流龌龊的行为"，甚至对此发誓。这样一来，他就像之前的库诺·毛奇一样，陷入了一场足以震动霍亨索伦家族的诉讼灾难之中。1908年，奥伊伦堡终于落入哈登和他狡猾的法律顾问伯恩斯坦（Bernstein）为他精心设计的圈套——一场在慕尼黑捏造的诉讼。瓦恩布勒当时痛苦地感到，奥伊伦堡"彻底完了"。瓦恩布勒作出判决后，奥伊伦堡只好了结了自己的性命。

　　1907年5月，威廉二世在一时冲动下，与他的两个好朋友翻了脸。即使他在此期间并没有放弃赦免奥伊伦堡的希望，有时甚至想帮奥伊伦堡恢复名誉，然而从利本伯格朋友圈传到公众耳朵里、被世界性报刊详细报道的种种细节让他深感震惊。在第一次毛奇－哈登诉讼期间，威廉二世曾昏了过去，他认为是"内心极度的失望"所导致的。

奥伊伦堡和库诺·毛奇的谢幕，给再也见不到这两人的威廉二世留下了一大人生缺憾，也让威廉二世在利本伯格的朋友们越发敏锐地认识到，还是与皇帝保持距离比较好。威廉二世指定巴登－波希米亚大贵族——菲斯滕贝格侯爵马克西米利安·埃贡二世（Max Egon II Fürst zu Fürstenberg）为库诺·毛奇的继任者。在菲斯滕贝格侯爵位于黑森林地区的多瑙埃兴根城堡（Schloß Donaueschingen）中，埃贡二世介绍威廉二世认识了奥地利大公弗朗茨·斐迪南（Franz Ferdinand）身边的一些上层贵族名人。当威廉二世意识到，下一场大灾难正从四面八方席卷而来时，他正在当地猎狐。

2 比洛的欺骗:《每日电讯报》危机（1908~1909 年）

1908 年 10 月 28 日，在皇帝威廉二世的授意下，伦敦的《每日电讯报》刊登了一篇他接受一位并非新近任命的英国"外交官"的访谈。与一个陌生人一起对德国政治妄加评论，他的这种行为有失政治家的风度，在德国引起了民众的强烈抗议，愤怒的德国人甚至要求威廉二世退位。和绝大多数德国人一样，巴罗宁·施皮岑贝格（Baronin Spitzemberg）也认为，这个采访是"皇帝至今最丢人、最可悲、最鲁莽和最危险的行为！"他说，整个德国的气氛如同输了一场战争一样，"在这件事情上，皇帝简直就像我们一般人所鄙视的长舌妇那样，毫无男子气概，而且幼稚"。透过这篇报纸采访，政治评论家哈登确信，他最担心的事将要发生了。他在一封写给荷尔斯泰因的信中要求对方："为了不被讥讽和嘲笑，我们必须马上开战，要不就等着为这件事负责，然后被迫下台吧。"在许多德国城市，大量愤怒民众发出了要求皇帝退位的呼声；1908 年 11 月 10~11 日，帝国议会爆发了一场史无前例的辩论，德国所有政党的议员都对威廉二世的"个人统治"表示谴责。对此，德国的政府高官们一筹莫展。在议会的骚动过后，即将就任帝国首相的特奥巴尔德·冯·贝特曼·霍尔韦格（Theobald von Bethmann Hollweg）完全"瘫成一团"，他说，"再这么来一天，我们就要改成共和制了"。

而威廉二世花了很长时间才认识到，这篇采访稿件的威力足以引发一场宪法危机。他先是被弗朗茨·斐迪南大公请到波希米亚做客，之后又接受大公的邀请前往多瑙埃兴根猎狐。直到 1908 年 11 月 11 日，菲斯滕贝格侯爵、军事内阁大臣迪特里希·冯·许尔森－黑泽勒伯爵（Dietrich Graf von Hülsen-Haeseler）和御前枢密处（Zivilkabinett）主管鲁道夫·冯·瓦伦蒂尼（Rudolf von Valentini）才向"完全呆住了"的皇帝说明，外界的愤怒已经到了何种地步。威廉二世"恼怒而失望的泪水"差点就要夺眶而出。在前往狩猎场的途中他迷惘地连声发问："请告诉我，究竟发生了什么？这一切都意味着什么啊？"威廉二世解释说，他的确在符合宪法的情况下，就采访内容和首相商议过了，而且他还把采访文稿发给首相，恳请他"亲自"检查一遍，以免其中的内容牵扯到外交部。他不能理解，"他的好意怎么能被误解成这样，人们又怎么可以这样对他的政治活动妄加恶评和贬损”。那么是什么导致威廉二世的统治陷入这次最严重的宪法危机的呢？帝国首相比洛究竟在其中扮演了什么角色？

1908年的"十一月风暴"其实酝酿已久。一年前，也就是1907年11月11日，柏林方面宣布实施德国最新《战舰法》，威廉二世则于同一天出现在了伦敦。因为深受他最亲密的朋友"同性恋丑闻"的打击，威廉二世决定前往位于英国南部海岸的海克利夫城堡（Highcliffe Castle）度三周假。威廉二世在伦敦和温莎发表了讲话，尤其根据一家英国地方小报杜撰的一篇采访，他试图消除英国人对德国建造战舰和可能企图占领欧洲大陆的担忧。他在海克利夫受邀与英国陆军上校爱德华·斯图尔特·沃特利（Colonel Edward Stuart Wortley）会面，在这次会面中他第一次列举了他对英国忠诚立场的"证据"。一年后，在威廉二世的授意下，轻信了这番话的爱德华让这些"证据"以访谈的形式刊登在了《每日电讯报》上：德国在太平洋上建造的战舰并非针对英国，而是要在对"黄祸"——中国和日本——的战争中派上用场;虽然大多数德国人敌视英国,但是作为德意志帝国皇帝的他会永远用尽全力保护英国的利益。在布尔战争期间,他甚至将作战计划发给他的外祖母维多利亚女王。如果执行这个计划,英国陆军元帅罗伯茨(Roberts)也许就能在南非战役中获胜了;为了让英国"受尽屈辱",当时俄国和法国向他提出了"欧洲大陆联盟(Kontinentalliga)"计划,他不仅断然拒绝了这个无理要求,还立刻将俄国和法国的这种"不忠行为"(因为两国是英国的"协约国伙伴")告诉了伦敦方面。在从英国回到德国后,威廉二世又向颇有政治影响力的英国市民重复了这番后来被比洛称为"耸人听闻"的言论,他言辞恳切,以至于英国人认为他真的对于英德两国的友谊充满信心。

正如此前写给崔德默勋爵的那封信一样,威廉二世如此强调英德两国的友好关系,是为了让英国人相信,德国的造舰计划不会威胁到他们。1908年9月10日,他召见当时已晋升旅长,并受他邀请到洛林参加军事演习的爱德华·

斯图尔特·沃特利，再一次向其"表达"了他对英国的友谊，一如他于 1907 年 12 月在海克利夫和对方谈到的那样。然后他恳请这位真诚的英国人将此次谈话的重点想办法刊登在一家英国报纸上。此后威廉二世高兴地写信给比洛说，斯图尔特·沃特利对他说，如果英国人相信德国会对英国开战，那他们"就是春天发情的兔子，疯了"。6 个星期后，这句话被原封不动地搬到了《每日电讯报》上。

1908 年 9 月 23 日，斯图尔特·沃特利将他准备登报的原稿发给威廉二世过目。这份保存至今的稿件是打字机打成的 10 页纸。比洛却辩称他看不清写在劣质纸张上潦草的手写英语字样，这简直就是睁着眼睛说瞎话！此外，德国外交部还制作了几份复本，标注了三处修改意见，这样可以保证帝国首相手中至少同时有三份文件可以用。比洛对威廉二世此前的表态并不是不知情，而且他最终同意刊登这份稿件，并不是像他那些"对威廉二世忠心耿耿"的对手们后来指责的那样，是为了让皇帝出丑，好扩大自己的权力，而是因为他和威廉二世在刊登这篇采访文章的意图上取得了一致意见。再加上对于威廉二世的独断专行，他早就习惯了。

而比洛违背了威廉二世的命令，让外交部的官员来审核这份稿件，这超出了他们的能力所及。他们由此认为，帝国首相本人会做出是否要刊登这篇稿件的最终决定。对于提尔皮茨造舰计划的最终目的，他们同批准这一计划的帝国议会议员一样知之甚少。在布尔战争方面，实际上在 1899 年 12 月，或者更确切地说是在 1900 年 2 月，威廉二世"自作多情"地给英国王室寄去了以《关于德兰士瓦的箴言》（Gedankensplitter über den Krieg in Transvaal）为名的研究报告，然而除了给英国人造成伤害之外，并没有对在南非开战一事产生任何影响。尤其尴尬的是，威廉二世声称，他拒绝了俄国和法国提出的与德国一起组建针对英国的"欧洲大陆联盟"的建议，而这些德国官员清楚地知道，1896 年在给克留格尔发电报时，建立这样的联盟早就成了皇帝的目标，也体现了他未来大陆政策的重点关注方向。

"《每日电讯报》危机"所引发的众怒可以

说是直指威廉二世自 1890 年起实行的"个人统治"。德国上下近乎革命的气氛和帝国议会的激烈辩论看似有机会进行一次彻底的宪法改革，不过还没等利用这个机会，刚燃起的火苗就被扑灭了。尽管在比洛的极力劝说下，威廉二世在 1908 年 11 月发表了一则声明，称要保证"帝国政策的连续性，并在宪法框架内履行职责"，然而只有知情人最清楚，这样的让步并不能改变什么。威廉二世的妹妹理直气壮地谴责他："陛下认为自己永远不会犯错，比洛继续耍他的把戏，而我无法不对我们德国的政策和政府关系的未来感到担忧和悲观。"此外，比洛的"欺君行为"让他永远失去了威廉二世的信任。在他的继任者贝特曼·霍尔韦格的辅佐下，威廉二世仍然在各个领域，尤其是外交和军备政策方面继续实行"个人统治"。

在崔德默电报、哈勒访谈和《每日电讯报》事件过后，伦敦、巴黎、华盛顿、圣彼得堡和东京的政治家们比以往任何时候都担忧，指挥着地球上最出色战争工具的德皇威廉二世是不是彻底失去了理智。他们的担心不是没有理由。

得知冯·许尔森－黑泽勒元帅在多瑙埃兴根穿着女性舞裙跳舞时突然身亡，以及自己在哈勒访谈中充满怨气的长篇大论被部分地公之于众后，威廉二世的精神再次崩溃了。

数周之后，闷闷不乐的皇帝带着复仇的心情回到德国，发表了最荒谬的阴谋论，以收拾"《每日电讯报》危机"留下的烂摊子。他辩称，要对"十一月事件"负责的不是他和他的统治方式，而是比洛、年老的枢密顾问荷尔斯泰因和马克西米利安·哈登：为了替犹太人夺权，他们密谋造反！1908 年圣诞节，威廉二世在写给菲斯滕贝格的一封信中抱怨道："我真的快筋疲力尽了！1907 年的库诺·毛奇和霍恩瑙（Hohenau）事件，以及一直持续到 1908 年春天的奥伊伦堡事件。还有 1908 年你我都知道的那些事！荷尔斯泰因和哈登结成了坚固的同盟，合起伙来针对我。荷尔斯泰因完全恢复了对比洛的影响力，他是我们的政治格局中一个不负责任的领导者……在排挤掉因一时冲动而违宪的皇帝后，这个以荷尔斯泰因为首的卑鄙团伙间接通过比洛指挥着德意志帝国。"几天后，威廉二世在写给菲斯滕贝格的另一封信中写道："这些忠实的国际人士玩弄着我们的祖国，用他们操纵的报刊媒体一次次朝着我们最神圣的德意志精神进攻！德国人会逐渐成为坚定的反犹太主义者的。如果有朝一日德国人从这份犹太报刊施行的催眠术中清醒，睁开双眼看一看，那就等着瞧吧。"这的确给人一种不好的预感，因为威廉二世已经不能够继续行使他那坚不可摧的"个人决策权"了；他试图妥善解决危机，而与以往任何时候相比，这对维护世界和平都更重要、迫切。

3　1909 年首相更迭：从比洛到贝特曼·霍尔韦格

"欺君"之后，比洛作为帝国首相的日子也就到头了。在菲斯滕贝格和其他"忠臣"的支持下，威廉二世一口咬定比洛在访谈登报一事上给他设了圈套，目的是让他在全世界人面前颜面扫地，并从他手中夺权。他痛苦地控诉说，这件事"使我在几个月内遭受了最令人厌恶和最粗暴的攻击，让我头顶上的皇冠污浊不堪，极大地折损了老普鲁士王权和德意志皇权的荣光，令霍亨索伦家族蒙受了奇耻大辱，给我和皇后带来了不可名状的痛苦与折磨"。一开始，他在比洛面前装作什么都没有发生，然而他们之间的信任关系——自1897年起二人通力合作的基础——已经荡然无存了。1909年6月24日，帝国议会否决了帝国财政改革草案，同时比洛提出辞职请求，威廉二世立刻就同意了，尽管众人皆知，这样做容易造成德国开始半议会化的假象。然而事实正相反，威廉二世还是像以往一样，轻率地任命了新的帝国首相和普鲁士首相，这无疑表明，皇权以及皇帝本人在"首相任免"这个重要问题上的影响力不可动摇。

"十一月风暴"发生后，威廉二世有7个月的时间考虑由谁来担任帝国首相，这个德意志帝国政府的最高官职。他短暂地考虑过他的副官勒文费尔德（Loewenfeld），然后是巴伐利亚公使莱兴费尔德伯爵（Lerchenfeld），还有德国驻法国大使拉多林侯爵（Radolin）。1909年4月在前往希腊科孚岛（Korfu）的旅途中，威廉二世向德国驻意大利大使安东·蒙茨（Anton

Monts）许诺，会让他继任帝国首相。已与皇帝貌合神离的比洛劝他不要这么做，给出的理由却很古怪：今后"德国的主要困难在于内政"，认为时任帝国内政部国务秘书的贝特曼·霍尔韦格比一个外交官更适合担当帝国首相的重任。然而 1909 年 7 月 3 日，在停靠在基尔港口的"霍亨索伦号"皇家游轮上，当瓦伦蒂尼向威廉二世举荐贝特曼·霍尔韦格时，皇帝却拒绝了，他给出的理由是："我太了解他了，他傲慢、好为人师，而且顽固不化；我没办法和他共事。"而皇后也认为，她眼中"过分有哲理性、不通人情世故又爱天马行空"的贝特曼的确不讨人喜欢。此外还有三个候选人——奥古斯特·奥伊伦堡和博托·奥伊伦堡两兄弟，以及阿尔萨斯－洛林总督韦德尔伯爵（Graf Wedel），他们都拒绝了帝国首相的职位，此后普鲁士财政大臣也被找去就接任帝国首相问题谈了话。然而当 1909 年 7 月 7 日瓦伦蒂尼在"霍亨索伦号"皇家游轮上正式向威廉二世推荐普鲁士财政大臣时，皇帝又将注意力放到了科尔玛·冯·德·戈尔茨男爵（Colmar Freiherr von der

Goltz）的身上——如果任命他为帝国首相才真的意味着要开战了！为了向戈尔茨表达想任命他为帝国首相的意愿，威廉二世命令御前枢密处主管"立刻乘坐东方快车前往君士坦丁堡！"正当瓦伦蒂尼研究列车时刻表时，宫廷侍从又让他去见威廉二世。"皇帝当时刚换上网球服，匆匆忙忙地接见了我：他说他重新考虑了一下（任用新首相）这件事；他不能现在就把必须在当地执行重要任务的元帅从土耳其人那里带走；他同意让贝特曼担任新首相，叫我赶紧处理好所有相关事宜！"落实新首相人选后，威廉二世终于可以踏上他的"北国之旅"了。1909年7月14日，如同在一出狂欢节民间滑稽剧中被"选出来"的贝特曼·霍尔韦格接受了德意志帝国首相这一棘手的最高官职。这个在大政策方面完全没有经验的德意志帝国第5任首相运气也相当糟糕，轮到他要在1914年夏天把全世界推入大战的灾难中了。

第五章　好战的军事统帅

（1908～1914 年）

1　波斯尼亚危机（1908～1909 年）

在经历奥伊伦堡和利本伯格丑闻后，威廉二世又将友谊的手伸向了马克斯·菲斯滕贝格侯爵和弗朗茨·斐迪南大公身边的奥地利上层贵族，他与他们之间建立在轻信基础上的友谊将很快就导致严重的政治后果。1908 年爆发的土耳其革命迫使阿卜杜勒·哈米德二世仿照英国在全奥斯曼帝国实行君主立宪制，这让威廉二世怒不可遏。1908 年 5 月革命期间，奥地利外交大臣埃伦塔尔（Aehrenthal）宣布奥地利正式兼并自 1878 年起受维也纳管辖的波斯尼亚和黑塞哥维那两个省。对于皇帝威廉二世令人摸不着头脑的野心来说——他想通过赢得整个伊斯兰世界扭转德意志帝国越来越被孤立的局面，这一变故无疑是个苦涩的倒退。他还在 1905 年表明："在当前如此紧张的国际关系中，面对针对我们建立的强大国家联盟，我们已陷入孤军奋战的境地，伊斯兰教和伊斯兰世界是我们手中的最后一张王牌。"当威廉二世得知那些他一直当作"英国奴仆"的青年土耳其军官揭竿起义时，他就知道，他"20 年来精心谋划的土耳其政策没有实现的希望了"。1908 年 10 月，他愤愤地说："这样看来，我们最终是被从东方赶出来了，可以放弃那里了。"

对于奥地利吞并土耳其的波斯尼亚和黑塞哥维那这一鲁莽的举动（此举虽然可以长期保证哈布斯堡帝国在巴尔干的统治地位，却有损俄国在当地的利益），比洛和外交部国务秘书冯·舍恩向埃伦塔尔承诺将支持奥地利。威廉二世却对奥地利这突如其来的举动感到惊讶，他突然间就陷入了对维也纳和君士坦丁堡的忠诚两难中，他认为："作为盟友，奥地利残忍地伤害了德国，这说明弗朗茨·约瑟夫皇帝陛下（在做出这个决定）之前对我根本不信任！"不过后来，1908年10月12日在帝国首相官邸花园的一次谈话中，比洛还是成功地说服了威廉二世。尽管如此，威廉二世还是对盟国奥地利干的这件事充满了怒火，在他一如往常的"激情"的助推下，这种情绪也失去了控制。当奥匈帝国和塞尔维亚开战的可能性开始显现时，他大声叫道："要是真打起来才好呢！"但同时他清楚，巴尔干冲突有可能会把德国卷入一场对俄国和法国的战争之中。

13年前，也就是1895年11月，威廉二世曾向奥匈帝国大使瑟杰尼（Szögyény）伯爵"拍胸脯"保证，他"会将他全部可支配的国防力量都投入奥匈帝国的阵营，而不用进一步确认是否涉及了我们盟约规定的事项……让您最仁慈的君主可以尽管放心，一旦关乎奥匈帝国的统治地位，我拥有的全部战争权力都将为您效劳"。这一灾难性的承诺无疑把要战争还是要和平的决定权交到了维也纳外交官的手里。1908年10月21日，威廉二世再次会见瑟杰尼伯爵时，他以"最坚定的口气"重复了这个承诺。他说，奥皇弗朗茨·约瑟夫就是"普鲁士的陆军元帅，因此只要他一声令下，整个普鲁士军队都会服从他的命令"。就这样，威廉二世利用尼伯龙根式的忠诚，以令人窒息的方式提前开出了这张臭名昭著的"空头支票"，并在1914年7月5日将它送了出去（据推测接受人仍是瑟杰尼伯爵）。1914年7月初，奥地利外交官亚历山大·霍约斯伯爵（Alexander Hoyos）带着奥皇弗朗茨·约瑟夫的亲笔信前往柏林，奥皇在这封信中请求德国在与俄国之间可能爆发的战争中支持奥地利。而在1908年秋天的那几天，威廉二世正好会见了亚历山大·霍约斯伯爵。这样的对比放在一起看，更是让人倒吸一口凉气。

1908年10月21日，威廉二世向瑟杰尼作出承诺一周后，"《每日电讯报》危机"就爆发了，不过在"十一月风暴"席卷德国的过程中，威廉二世仍继续向奥匈帝国大表忠心。离开多瑙埃兴根后，威廉二世给他的好友马克斯·菲斯滕贝格去了一封信，他在信中写道："奥地利大可对我放心，我对你们至死不渝！"威廉二世在1908年12月中旬表示，从军事立场来看，"现在横竖是我们同俄国算账的最好时机"。他说，德国必须"排除一切阻碍，抢占先机，就像当年的腓特烈大帝一样"。当年年底，威廉二世还写信给奥地利皇位继承人弗朗茨·费迪南，称他已做好准备，随时可以开战。"你知道，你们可以信赖我们，至于我们的军队能派上什么用场，你是最能评断的人。"当总参谋长小毛奇也向他的奥地利同僚弗朗茨·康拉德·冯·赫岑多夫（Franz Conrad von Hötzendorf）解释说，"奥地利先向塞尔维亚出兵可能会迫使俄国出手干预。这样一来，按照盟约规定的有关事项，德国很可能必须要通过攻击法国，在西方开战了"时，威廉二世这些承诺的真实性就更加让人疑虑了。

这种可怕的"先发制人"论调会触发盟国的"连动机制"，最终，1914年7月，巴尔干的冲突演变成一场世界大战。威廉二世和他的总参谋长小毛奇在1909年2月考虑再三，面对随时可能爆发的战争，应该怎样处理与法国的关系，才能让德国军队有清醒的认识。1909年2月24日，对于德国驻奥匈帝国大使契尔什基（Tschirschky）从维也纳发来的一份报告，威廉二世在结束语处这样批示："必须要让法国清楚地知道，一旦俄国插手对付奥地利，我们会毫不迟疑地立即履行盟约的规定，即进行军事动员。法国必须发出简洁而明确的声明，表示在这种情况下绝不会向我们开战。在战争爆发初期不会，在开战之后也不会。声明保持中立是不够的。如果法国拒绝发表不向我们开战的声明，那么我们会将此理解为开战的理由，帝国议会和全世界也会知道，法国无视我们的要求，拒绝了和我们一起走上唯一可能维持欧洲和平的道路，因此是法国想要开战。这种形式的声明是有必要的，我们要先充分利用对法军事动员的效能，然后再取消军事动员。这样我们的军队就绝不会陷入一半要对付俄国，一半要防止法国生变的境地。我们要么把所有兵力都投入西方战场，要么都投入东方战场。"

1909年，由于俄国还没有从日俄战争失败和国内爆发革命所带来的震惊中恢复，一场大战才得以避免。不过毋庸置疑的是，在整个波斯尼亚危机中，威廉二世做好了开战的准备。和俄国人正相反，德意志帝国皇帝威廉二世直到最后都为奥地利出兵塞尔维亚兴奋地呐喊，比如"现在前进，出发！"或者"那么他就出发了！"俄国撤退后，威廉二世得出一个可怕的结论：这证明德国与奥匈帝国结成坚固同盟是正确的选择，这场胜利甚至可以说是"一次出色的应急演练"。此外，因为看到俄国在波斯尼亚危机中受了屈辱，威廉二世坚信，在一场可能由巴尔干冲突引发的欧洲战争中，英国命中注定不愿意也不能加以干涉。

1908~1909 年的波斯尼亚危机和 1914 年的七月危机相比，也有很多显而易见的相似点。然而尽管有威廉二世在 1908~1909 年大力颂扬的德奥兄弟情作为"范本"，这两次危机仍然可能缺少直接的因果关系。毋庸置疑的是，德国准备好了和它的盟友一起对俄国和法国作战，但是 1908~1909 年时的柏林还没有意愿挑起这样一场战争。直到由贝特曼·霍尔韦格担任帝国首相和阿尔弗雷德·冯·基德伦－韦希特尔

（Alfred von Kiderlen-Wächter）担任外交部国务秘书的德国与俄法这两大欧洲强国发生进一步严重冲突时，这种意愿才愈加强烈了。

2 阿加迪尔危机（1911 年）

1910 年 5 月 6 日，威廉二世的舅舅、英国国王爱德华七世去世，威廉二世再次燃起了改善德英关系的希望：通过拉近两国的距离，德意志帝国最终会获得"天赐"英国人的世界霸主地位。他向当时的美国大使描述了他种族主义思想下的未来愿景：他宣称，英国人已经在走下坡路了，而他的帝国正日益壮大。"我们不想要他们的殖民地，也不想要海上霸权，我们只想要我们的权力得到承认。德国几乎和英国一样富有……我们想要的是一个平等的机会。他们试图将我们定义为欧洲的威胁，然而我们并没有威胁到任何人。他们还试图将我们置于整个欧洲的对立面，然而他们的协约国关系却松动了。就像拉丁语时代过去了一样，他们的黄金时代也已经一去不返了。我不认为斯拉夫人会是未来的主宰。上天自有安排，如果说斯拉夫人而不是日耳曼人注定是主宰未来的民族，那么这绝不是对天意的赞扬。不，主导世界文明的必须是日耳曼民族（我们德国人）、英国人和美国人。"在当时访问德国的美国前总统西奥多·罗斯福面前，威廉二世还兴奋地谈到"要让日耳曼民族和盎格鲁—撒克逊国家齐头并进"。在后来给西奥多·罗斯福的信中他还激动地写道："世界秩序将由合并的日耳曼民族和盎格鲁—撒克逊民族来维持！"

　　威廉二世这些自命不凡的抱负不仅让美国人生疑，更说服不了英国人解除与法国和俄国的协约国关系，好让德国能在欧洲大陆称霸。在1910年5月舅舅爱德华七世葬礼期间，以及在一年后外祖母维多利亚女王纪念碑落成典礼上，威廉二世都认为凭他的个人魅力，可以让即位的英国国王、他的表弟乔治五世（George V）与德国签订一份协议。事实上，在这次英国之行（应该是他最后一次前往英国）期间，威廉二世发表了在他统治生涯中堪称糟糕透顶的长篇空论，它对英国政治产生的灾难性影响持续了相当长的时间。1911年5月20日，他在

"霍亨索伦号"皇家游轮上对路易斯·冯·巴滕贝格（Louis von Battenberg）王子说，他真心希望（德国）与英国结成最紧密的伙伴关系，但是"你们不能在每次对话开始时都持保留意见，一旦有这样或那样的事情触碰了法国或俄国的利益，你们才站出来表示不能接受"。巴滕贝格提出异议，他认为英国同法、俄这两个国家的良好关系的确是"对三国同盟的天然和必要的抗衡力量"，对此威廉二世进行了激烈的反驳。巴滕贝格确信，"皇帝非常激动，即使算不上太过分，他对欧洲均势的观点也是极尽嘲笑，不能自已"。"你们英国人必须明白，德国才是决定欧洲大陆战争或和平的唯一统治者，"威廉二世嚷嚷道，"如果我们想要开战，我们就会开战，不管你们允许不允许。"

巴滕贝格将这次会谈记录汇报给了年轻的英国国王乔治五世，后者立刻将此会谈记录转发给了英国首相阿斯奎思（Asquith）。阿斯奎思又让外交大臣爱德华·格雷爵士（Sir Edward Grey）看了这份记录。所有看过这份会谈记录的人都深感震惊，无一不严肃地相互询问：这个德意志皇帝的精神还正常吗？阿斯奎思认为：
"我们简直想确认，他向巴滕贝格王子说的那
些话是不是精神错乱下的胡言乱语；然而（就
算是）这些话也够危险了。"英国外事办公室
（Foreign Office）比以往任何时候都确定，德国
想要夺取欧洲霸权。无论如何，随着第二次摩
洛哥危机的爆发，又一轮围绕欧洲大陆统治权
的大较量开始时，德意志帝国皇帝的这通威胁
言论如同添了一把柴火，让英国政府下定决心
要保护法国。

　　为了平衡德国发出的战争威胁，德国向摩
洛哥港口阿加迪尔派出"豹号"战舰，以示对
法国占领摩洛哥城市非斯（Fes）的回应——想
出这个大胆计划的并不是皇帝威廉二世，而是
爱喝酒且意志坚定的施瓦本人阿尔弗雷德·
冯·基德伦-韦希特尔。基德伦的最终目的并
不是让德国吞并摩洛哥南部，而是建立一个庞
大的德属"中非"，并最终将德属西南非、德
属东非、比利时属刚果、法属刚果、喀麦隆和
多哥、安哥拉和莫桑比克统统囊括其中。不过
为了提高和法国谈判的筹码，他激发了民族主

义者和重工业界人士对摩洛哥地区的关注。这样一来，他又让皇帝威廉二世陷入了危险和倍感压力的境地，因为当这个鲁莽的威胁行动宣告失败时，皇帝正好被这些人讽刺为"和平威廉"。他们说，又出现了一个"奥洛穆茨（Olmütz/Olomouc）"①，老普鲁士的好传统究竟哪儿去了？"我们是变成女人了吗？"

尽管皇帝威廉二世对争夺更多的非洲殖民地兴趣寥寥，但有一点确凿无疑，即他从 1911 年 5 月初起就清楚基德伦的计划，也多次正式地（最后一次是 1911 年 6 月 26 日在基尔）对基德伦计划的挑衅行动表示赞同。同年 7 月 5 日，威廉二世沿着挪威海岸线开始了他一年一度的旅行。尽管时局紧张，这次"北国之旅"一开始还是如往常一样轻松愉快。德国海军内阁大臣在他的日记中这样写道："早上的体育活动就是一场大闹剧。陛下用小剪刀剪断了副官冯·朔尔（von Scholl）的吊裤带。"在旅行期

---

① 西里西亚战争中，1758 年，普鲁士军队围攻奥地利军队据守的奥洛穆茨，该市市民顽强抵抗，最终普鲁士放弃了这次围城战。

间，威廉二世并没有对基德伦的行动计划提出什么疑虑，对于迫使法国向德国割让其与德国共有的刚果殖民地的谈判迟迟没有进展一事，他倒是表现出了不耐烦的情绪。他认为基德伦必须加快谈判速度，尤其要在法国割让刚果事宜上坚定立场。另外，也许是回想起了皇帝在第一次摩洛哥危机中突然撤退的一幕，基德伦对威廉二世说，如果威廉二世在关键时刻收回对他"至高无上的信任"，那么他就辞职。"我不相信法国人会应战，"他写道，"不过他们必须感觉到，我们的决心到达了顶点。"

1911 年 7 月 21 日，英国财政大臣大卫·劳合·乔治（David Lloyd George）宣称，一旦德国与法国开战，英国将站在它的协约国一边。这一警告就像是一记响亮的耳光，打在了德意志帝国皇帝、德意志帝国首相，以及抱有民族主义思想的德意志人脸上。就这样，欧洲再次走到了一场大战边缘。在"霍亨索伦号"皇家游轮返回希维诺乌伊希切港（Swinemünde）的途中，基德伦向皇帝威廉二世做了一个"言辞有些冒犯的报告"，他坦言"现在非常不宜向法国宣战，因为英国一定会站在法国一边，到时我们的盟友或多或少会失去（利用）价值"。根据海军上将穆勒的记录，"陛下听后异常沉默，却表示了赞同"。不过施皮岑贝格男爵夫人却听说，威廉二世在希维诺乌伊希切港"绝没有消沉，而是比他的大臣更加充满斗志！"威廉二世怒气冲冲地说："以德意志帝国及其人民的尊严，我们怎能与极度厚颜无耻的法国人为伍。"他声称："法国人这一步走也得走，不走也得走，要不就别怪我们不客气了。"而且如果英国人胆敢派兵在法国或比利时海岸登陆，自有德国的"潜水艇"等着他们！总参谋长小毛奇也苦恼地抱怨："如果我们再在这件事情上夹着尾巴溜走，如果我们不能发起强有力的挑战，告诉对方我们做好了拔刀相向的准备，那么我对德意志帝国的未来也就不抱什么希望了。"普鲁士战争大臣明确表示，德国军队"已经做好了与法国开战的充分准备"，当然了，德国也不一定非要打。

威廉二世并不是向阿加迪尔派出"豹号"战舰的主谋，也对基德伦最终可以迫使法国人交出的那275000平方公里沼泽地没什么兴趣。威廉二世的明确目标不是争夺殖民地，而是为德意志帝国赢得全球统治地位。因此经历了与俄国围绕波斯尼亚的军事对抗，以及第一次摩洛哥危机中对法国的贸然威胁之后，威廉二世的"世界政策"将主要敌对目标锁定在了大英帝国身上，而英国却在第二次摩洛哥危机中再次证明了自己才是维持欧洲现有国家秩序的保障。

3 战争危机扩大下的造舰行动（1911~1912年）

当贝特曼·霍尔韦格为取得与英国的共识而积极奔走时，威廉二世和提尔皮茨却大力提高德国建造战舰的速度。这一举动无疑会增加英国以此为借口向德国海军发动先发制人战争的风险。提尔皮茨自己也承认，如果与英国皇家海军开战，他的舰队毫无胜算可言。他认为，当下是"最不适宜开战"的时候，而在这之后的胜算会逐年增加。他列举了必须采取的措施，以便让德国在"赫尔戈兰岛（Helgoland）、英吉利海峡、无畏舰、潜水艇"等方面占据较大的优势。德国海军领导层大多主张延缓与英国的海上之争，建议至少等到1914年前后再开战，到那时威廉皇帝运河（Kaiser-Wilhelm-Kanal）才可以通行无畏舰级别的大型战舰。然而威廉二世不计任何代价，每年都要建造三艘战舰和三艘巡洋舰。建造战舰"不仅是关乎德国海军继续发展的重大问题，还左右着德意志帝国未来外交政策的方向"。威廉二世认为，推行如此冒险的炮舰政策，目的并不是和英国开战，相反是为"不战而胜"地取得世界霸权。"我们炮舰政策的最后一步"，正是要逼迫英国与我们结盟，这样才能长久地保证德国在欧洲及海上的统治。

贝特曼、基德伦和帝国财政部国务秘书韦穆特（Wermuth）都认为炮舰政策是鲁莽的并且坚决反对，还在海军和陆军中结成了统一战线。威廉二世必须要在提尔皮茨和贝特曼二人中做出选择，不过他一直犹豫不决，因为他不愿意看到他们中的任何一人因此递上辞呈。根据穆勒的记录，威廉二世在1911年10月中旬抱怨说："我完全不知道贝特曼的葫芦里卖的是什么药，他太害怕英国了。不过我是不会让英国人告诉我应该怎么做的。我和提尔皮茨说过，他得多少考虑我的身份，我是大选帝侯和腓特烈大帝的后代，这种事在当时对于他们来说可没什么好犹豫的。我也和贝特曼说过，他必须要想想上帝的旨意，天意已经做出安排，像英国人这样有太多责任要负的民族，总有一天会被削弱。"这场危机持续了一整个冬天。威廉二世在 1912 年 1 月还用"最刺耳的话批评贝特曼和威廉大街的那帮人软弱无能且胆小怕事"。当某个大使也站出来反对强行加速建造无畏战舰时，威廉二世回击道："我要告诉您的是，您们的外交官吓得把屎都拉在裤子里了，整个威廉大街都被他们弄得臭气熏天……"尽管贝特曼最后成功地将威廉二世和提尔皮茨要求的战舰规模缩小了一半，然而即便如此英国仍把德国加速建造战舰的行为视作挑衅。新上任的英国海军大臣温斯顿·丘吉尔为英国皇家海军争取到了双倍预算，并将驻守在地中海的英国舰队调到了北海海域。英国总参谋长继续定期会见他的法国同僚,以便就英国军队在法国－比利时边境登陆的细节达成协议。1911年底,英国海军上将费舍尔(Fisher)预计,一场重大战役会在"1914年9月"爆发。他之所以做出如此预测,同样是因为,到那时候,威廉皇帝运河将可以通行大型战舰。英国和德国俨然已经徘徊在了一场大战的边缘。

4 失败的"霍尔丹任务"(1912年)

1912年2月,英国战争大臣霍尔丹勋爵(Lord Haldane)同贝特曼、提尔皮茨和威廉二世在柏林举行会谈,此次会谈清楚地表明了德国和英国之间产生对立的根本原因。提议举行这次会谈的是德国哈帕格航运公司(Hapag)经理阿尔伯特·巴林(Albert Ballin)和德裔英国金融家欧内斯特·卡塞尔爵士(Sir Ernest Cassel)。英国人表现出可以谈的意愿时,威廉二世便坚定地认为,伦敦方面只会因为惧怕他的炮舰政策而退让。他觉得自己最大的愿望眼看就要实现了。1912年1月10日,贝特曼·霍尔韦格对威廉二世说,与英国和解会让德意志帝国成为一个囊括葡萄牙和荷兰殖民地，以及比利时属刚果的"大殖民帝国"。不仅如此，德国和英国将要达成的协议会瓦解英法俄三国协约，并因此保证德国在欧洲大陆的统治。根据穆勒1912年2月7日的记录，威廉二世听后兴高采烈，"显然已经把自己当成'欧洲合众国'的政策领导人，以及横贯非洲中心的德意志殖民帝国皇帝了"。在给瓦尔特·拉特瑙（Walther Rathenau）的信中，威廉二世写道，他的计划是建立"针对美国的'欧洲合众国'……可以争取5个国家（包括法国）"。而提尔皮茨预感到，在突然亲近英国这一政策的背后，隐藏着破坏他造舰计划的阴险企图，而只有自己的造舰计划才能迫使英国长久承认，德国拥有与其在全世界"平起平坐的权力"。威廉二世因此再次陷入了极为尴尬的境地，他必须调解贝特曼和提尔皮茨之间的矛盾。

威廉二世急切地亲笔拟了一份文件，作为德英两国会谈的基础。他对贝特曼和威廉大街没有丝毫信任。他在文件中表示，英国政府是一个集体，而德国政府"是一个人——那就是皇帝我，帝国首相的发言只代表他自己"，因此帝国首相暂时谈不出什么有约束力的协议。在霍尔丹和提尔皮茨关键性的几场谈判中，他也不会起到主导作用。最重要的是要以减缓德国战舰建造速度为由，让英国与德意志帝国达成一个为期20年的政治协议，英国必须遵守此协议的规定，在欧洲任何一场战争中保持中立，或是在夺取海外殖民地过程中与德国相互协助。对于这样一个以强制性为基础的协议，英国自然完全不能接受。这相当于给了德意志帝国随时突袭法国的自由，至此失去英国皇家海军保护的法国将被迫与欧洲中等国家以及俄国结成同盟。如果与德国签了这项协议，英国将会在北海和大西洋，乃至地中海、波斯、印度和远东受到威胁。

当英国明确拒绝德国提出的在一场欧洲战争中无条件保持中立的要求后，威廉二世的愤恨如决堤一般发泄了出来。他宣布，"我和德意志人民的忍耐到头了"。他对和英国人"坐在一条船上"的德意志帝国首相和大臣的态度比以往任何时候都要轻蔑。他说："我希望我的外交官们从中得到教训，未来多听听他们君主的命令和想法，特别是在他们还搞不明白要同英国怎么谈的时候；而我对此清楚得很。"对于威廉二世在给帝国首相和驻伦敦大使电报中"难以置信的粗鲁言辞"，海军内阁大臣感到十分震惊，于是他想要怂恿首相和大使辞职。事实上，在对威廉二世不顾其作为责任顾问的建议，坚决奉行战争路线表示抗议之后，贝特曼·霍尔韦格就已经在 1912 年 3 月 6 日递上了辞呈。后来贝特曼继续留在了首相这个棘手的职位上，和军队领袖一道努力重新调整战略方向，即抛弃当前的与英、法两大西方强国的战争计划，转而将矛头指向法国和俄国这两个陆军强国。在违背提尔皮茨造舰计划基础上的陆军扩充提案在帝国议会获得了大量支持。至于英国在德国与俄法两国同盟之间的冲突中将扮演什么样的角色，仍然是个未知数。

5 巴尔干动乱和第一次开战决定（1912 年 11 月）

随着奥斯曼帝国的迅速衰败，欧洲的热

点问题从西边转移到了东边。此外，土耳其革命、波斯尼亚吞并危机、1909 年废黜苏丹阿卜杜勒·哈米德二世和意大利 1911 年侵略利比亚的黎波里也让巴尔干半岛中小国家燃起了扩大自身疆域的希望，它们借由 1912 年 9 月底对黑山、塞尔维亚、保加利亚、希腊和土耳其的袭击，挑起了第一次巴尔干战争。威廉二世对巴尔干国家的进击鼓掌叫好，并用他独有的方式将试图重建和平秩序的外交官讽刺为"阉人"。他得意地说，"平民"可不能对时局指手画脚，"那是军官应该操心的事"。1912 年 10 月 4 日，他叫嚷道："东方问题必须要用铁与血来解决！而且要在一个对我们有利的时机进行！那就是现在。"

威廉二世幻想着，信仰基督教的巴尔干国家能靠着奥地利的力量和三国同盟的支持，建立起一个"四国同盟"，并以"第七大政治势力"的身份加入"欧洲政治版图"之中。所以他要求，奥地利必须"大力支持'巴尔干合众国'的建立"。"因为只要巴尔干国家团结一致，它们将很快同俄国形成对抗，这样一来，它们会完全依赖奥地利，进而依赖三国同盟，而这些国家实力的壮大也符合三国同盟的意愿，会成为我们抗击俄国的辅助力量。"1912年12月1日，正在多瑙辛根（Donaueschingen）猎狐的威廉二世获悉，保加利亚向土耳其提出了结盟请求，他仿佛已经预见，自己将成为一个强大世界帝国的统治者。当天，他向德国外交部发了一封匪夷所思的电报："奥地利务必要和土耳其－保加利亚结成军事同盟，我们要帮助这两个国家壮大和重生。土耳其和保加利亚两国结盟后，希腊和塞尔维亚必将向奥地利靠拢。这样一来奥地利可以统治巴尔干半岛和地中海东部，同意大利，以及新成立的土耳其－保加利亚舰队一起成为抗衡英国的重要力量，迫使英国向亚历山大港进发。俄国在巴尔干也就没戏可唱了，敖德萨也危险了。到时三国同盟会在地中海占据优势地位，可以将势力向哈里发国家延伸，进而统治整个伊斯兰世界（印度）！"

奥地利人并没有回应威廉二世的期待，因为他们对日益壮大的塞尔维亚越来越感到担忧；德国总参谋部和威廉大街对此也并不支持，因为在奥匈帝国和塞尔维亚的紧张关系中，他们看到了与俄国和其盟友法国开战的可能性，而当时的奥匈帝国在多瑙河沿岸已经没有什么行动能力了。1912 年 11 月 9 日在莱茨林根（Letzlingen）狩猎时，威廉二世顶住了他的元帅和枢密顾问们的压力，他们要求德国不要承诺支持奥地利，如果奥地利按计划向塞尔维亚出兵——就像 1908~1909 年波斯尼亚危机那样——激起了与俄国（也可能与法国）的矛盾的话。他给基德伦 - 韦希特尔去了一封电报，称他已经在莱茨林根"明确"和帝国首相说，为了将对塞尔维亚的进军挡在亚得里亚海一带，他"无论如何都不会下令出兵巴黎和莫斯科"。然而就在同一天，威廉二世的态度又发生了 180 度大转变。他坚信欧洲的公众舆论将视奥匈帝国进攻塞尔维亚为正义之举，因此同意小毛奇、贝特曼和基德伦提出的备战立场。11 月 19 日，外交部国务秘书通过威廉二世的朋友菲斯滕贝格向奥地利方面传达了德国的许诺，即在危难时刻德意志帝国"绝不会逃避履行我们的盟约"。两天后，威廉二世向奥地利使馆武官冯·比纳特（von Bienerth）保证道："奥匈帝国一定会得到德意志帝国的支援。"他还用了一句话以示强调："德国之剑已经做好了随时出鞘的准备，您们就放心交给我们吧。"威廉二世在一封维也纳发来的报告上作出指示，这对于德国来说也是"最危急的时刻"。他清楚地认识到："这将会是一场欧洲大战，对于我们来说可能还是一场与三大强国的生存之战。"

1912 年 11 月 22 日，奥地利陆军中将布莱修斯·舍穆尔（Blasius Schemua）——当时暂定为奥地利总参谋长康拉德·冯·赫岑多夫的继任——与威廉二世和小毛奇在柏林进行了一次秘密会谈。威廉二世和小毛奇再次承诺，"如果俄国威胁我们，奥地利一定要相信德国会伸出援手，这也完全符合德国的利益，因此我们不会被打败"。威廉二世认为，俄国军队还远没有做好战斗的准备，法国人爱好和平，而意大利人偏向严格遵守三国同盟协议。小毛奇向布莱修斯解释道："他清楚形势的严峻性。德国一旦出兵，法国必定会跟着出兵，这种无休止的形势必然将发展成为军事对峙。不过到时候的首要目的当然是在西部战胜敌人——他希望在4~5周内完成，然后再将多余的力量转移到东部战场。"在这场预示着战争命运的会谈结束后，威廉二世紧接着前往施普林格（Springe）陪弗朗茨·费迪南大公狩猎，在场的还有小毛奇、提尔皮茨和贝特曼·霍尔韦格。1912年12月2日，贝特曼在帝国议会发表演讲，讲稿是在小毛奇口述的基础上形成的，他在演讲中明确表示了德国支持奥匈帝国出兵塞尔维亚的立场。看起来，一场欧洲大战已经迫在眉睫。不过，英国方面会怎么回应呢？

6 推迟开战：1912年12月8日的"作战会议"

威廉二世在1912年11月21日指示："立刻通知德国驻法国和英国大使，查明无误后向我报告，在现在的情形下，法国是否一定会和俄国联手，而英国究竟会选择哪一边站队。"与此同时，威廉二世请他的弟弟海因里希王子在出访英国期间设法搞清楚，如果巴尔干动乱引发了欧洲大战，英国会如何表态。1912年12

月 4 日，海因里希在伦敦直截了当地问他的姐夫、英国皇家海军司令路易斯·冯·巴滕贝格王子，如果发生上述情况，英国是否会保持中立。巴滕贝格吃惊地马上写信给他的堂兄乔治五世，说海因里希和威廉二世显然没有理解，"如果德奥同法俄之间爆发战争，英国不可能允许后两者中的一个，特别是法国，沦为战败一方——因此在这种情形下，我们不能置身事外"。当海因里希 1912 年 12 月 6 日在桑德林汉姆府（Sandringham House）向英国国王乔治五世同样提出这一棘手的问题时，他的回答几乎一字不差。他告诉外交大臣格雷，海因里希问他，"如果德奥同俄法开战，英国是否会站在俄法一边。我回答，'毫无疑问，是的——在这种情形下'……德国当然必须明白，我们不会允许我们的朋友输掉战争"。然而海因里希歪曲了英国国王的明确回答，用更友好，甚至完全不负责任的语气传话给威廉二世：英国热爱和平，希望避免与德国发生任何矛盾。

要是威廉二世新任命的大使李希诺夫斯基侯爵（Fürst Lichnowsky）在 12 月 3 日的报告

中没有告诉他真相，那么威廉二世1912年冬天可能还在继续推行他的战争政策。和王子海因里希不同，李希诺夫斯基解释说，霍尔丹勋爵明确告诉他，"如果因奥地利向塞尔维亚出兵，欧洲陷入混乱"，那么"英国一定不会袖手旁观"，这番话可能是作为对贝特曼帝国议会演讲的回答。均势原则是英国外交政策的"公理"，是它将英国带进了法国和俄国的阵营。"在这种情形下，英国不会容忍法国被击败……英国不能，也不愿意面对此后仅由欧洲大陆上唯一大国率领的统一军队。"

在从狩猎场回到柏林后，威廉二世在1912年12月8日（星期日）早晨看了李希诺夫斯基的报告。他对英国的均势政策表示愤怒，在批示中恨恨地写道："英国将永远是我们的敌人。"他带着狂热的种族主义倾向，明确指出在即将到来的"斯拉夫人和日耳曼人的最终战斗中，盎格鲁—撒克逊人将站到斯拉夫人和高卢人一边"，"高卢—斯拉夫人的同伙要对抗日耳曼人了！"威廉二世对巴伐利亚公使说："德国也许很快就要面临生死存亡的紧要关头了。在三面受敌的情况下，我们必须做好最坏的准备，不要错过任何壮大陆军和舰队的机会。"不管帝国首相给他制造多大的困难，他都必须这样做。除了排兵布阵，德国还必须"全面寻求盟友"。在给一年前策划"霍尔丹任务"的阿尔伯特·巴林的信中，威廉二世依然激动地写道，奥地利和塞尔维亚的冲突是一场"日耳曼人与傲慢的斯拉夫人之间的种族之战……"，它关乎"日耳曼民族在欧洲的生死存亡……现在对俄国作战意味着马上向法国开火，因此我们想知道，英国是不是在这场纯粹的大陆战争中很难坚守其在2月向我们表明的中立态度"。而霍尔丹声明："一旦德国与俄国和法国开战，英国不会保持中立，而会立即前去支援法国！对此的理由是：英国绝不能，也绝不会容忍德国在欧洲大陆取得霸权，进而统一欧洲。"

威廉二世在1912年12月发表的"暴怒言论"像潮水般汹涌，它向我们展示了第一次世界大战前夕这位德意志帝国皇帝的战略预期，也是最具说服力的史料。奥匈帝国和塞尔维亚在巴尔干半岛的冲突引发了德国对俄国和法国的"种族之战"，它将决定德意志帝国在欧洲大陆是否能拥有长期的统治地位。此外，尽管经历了两次摩洛哥危机，"霍尔丹任务"也失败了，然而威廉二世直到 1912 年 12 月的那个星期日之前，一直幻想着英国已做好了抛弃它两个协约国伙伴、黯然接受德国在欧洲称霸的准备。在听到英国人将均势政策视为"公理"时，他巨大的心理落差只是反映出他直至当时，还一直对英国人保持中立一事抱有完全不切实际的期待，好像面对欧洲国家秩序的严重动荡，特别是比利时和法国被攻占，英国必须袖手旁观一样。威廉二世在 1912 年冬天生出的幻觉着实让人惊讶，他希望英国保持中立的美梦成为他一年半后各项政策的基础，而那时世界却真正因为奥地利与塞尔维亚的冲突而陷入了一场灾难。

李希诺夫斯基的解释迫使威廉二世正视现状，他不得不收回他在 1912 年 11 月 9 日为奥地利出兵塞尔维亚提供支援的承诺。1912 年 12 月 8 日，威廉二世召开了"作战会议"。这个臭名昭著的会议一直都是"费舍尔争论（Fischer-

Kontroverse)"的重点,他认为,"作战会议"召开之前,威廉二世和他的"海陆军大将"可能已经作了一年半后爆发大战(第一次世界大战)的开战决定。这个推测绝对是可靠的。不过假定维也纳和柏林在1912年11月就已经下了立即开战的决定,那么那个周日在柏林城市宫召开的军事会议就更像是一种战略性撤退:鉴于英国有可能插手,德国决定推迟开战,直到德国军队得以壮大、威廉皇帝运河得以拓宽、赫尔戈兰岛的潜水艇港得以加固、德国和英国的信任关系得以建立为止。在此期间,德国应按照皇帝威廉二世的旨意,寻求更多的盟友,并动员德国人民做好战争准备。不过,奥地利首先要放弃出兵塞尔维亚才行,那么说服奥地利人的棘手任务就交给海因里希、小毛奇和贝特曼了。

7 迟来的战争脚步渐近(1913~1914年)

这一时期,威廉二世依然是德国外交政策的关键人物,他让奥地利人坚信,这场欧洲大战迟早会到来，只是时间上会晚一些。1913 年 2 月，威廉二世迫使弗朗茨·费迪南大公与俄国和解——有人在背后议论说，"推迟大战"让人觉得德意志帝国皇帝想要用和平的方式庆祝执政 25 周年——4 月，奥地利和塞尔维亚间的争端在斯库塔里再次燃起，威廉二世又恢复了好战的口气。他大喊道，为了取得对塞尔维亚的胜利，德国必须"不惜一切代价去支援奥地利；而且要拿起武器去战斗！"他说，诚然如今也要假设英国做好了"反对亚洲的斯拉夫人和鞑靼人"的准备。他和威廉大街都有了这种可怕的觉悟，即假设俄国的参战失去了正当性，英国一定会从一场欧洲大战中脱身。1913 年 4 月底，外交部国务秘书戈特利布·冯·雅戈（Gottlieb von Jagow）完全按照威廉二世的意思声明，"对于我们而言，主动挑起这场战争的意义非常重要，因为我相信英国会保持中立——不过只有到（开战）那时才会宣布"。1913 年 5 月 5 日，又一场"作战会议"在柏林召开；会议内容是给发动一场大战找借口。小毛奇向奥地利使馆武官保证说，用外交手段解决斯库塔里问题"只是权宜之计"。威廉二世也像往常一样粗鲁地对即将爆发的种族战争发表了意见："关于斯拉夫人和日耳曼人之间的战争，不必再回避了，它一定会到来。至于什么时候？到时候就知道了。"

在 1912 年 12 月决议通过的德国陆军扩充计划继续推进的同时，威廉皇帝运河拓宽工作逐渐接近尾声，威廉二世和小毛奇要求奥地利展开果断行动的态度也越来越坚定。1913 年 9 月在西里西亚军事演习期间，威廉二世对再次担任奥地利总参谋长的康拉德·冯·赫岑多夫发了一通脾气，因为奥地利仍没有向塞尔维亚出兵。"为什么还不出兵？"威廉二世问他，"现在谁也妨碍不了您了！"小毛奇向康拉德保证："眼下的迫切需要，是打破沉闷紧张的气氛……我只知道，如果开战，三国同盟将担起责任。"不过他也警告康拉德："如果爆发战争，德国会集中主要力量打击法国，然后尽快将火力对准东方。"他说，虽然德国拥有 113 个军团，但是"我们必须考虑到，英国肯定会站到法国一边对付我们"。1913 年 10 月，当奥地利向塞尔维亚发出最后通牒，要求对方的军队在 8 天之内撤出阿尔巴尼亚时，奥地利已经必须依靠德意志帝国的无条件支援了。威廉二世身边的外交官在报告中写道："当皇帝和国王陛下得知，奥匈帝国这次下定决心不再向塞尔维亚让步时，他非常满意地点了点头。"

1913 年 10 月底，威廉二世在维也纳会见了奥地利外交大臣贝希托尔德（Berchtold）伯爵，他对贝希托尔德说，如果塞尔维亚人拒绝屈服于弗朗茨·约瑟夫皇帝，"那么贝尔格莱德将遭到炮轰，进而被占领，直到弗朗茨·约瑟夫皇帝的意愿得到满足"。"而且您大可以放心，我会站在您的背后，只要您觉得有必要采取行动，我随时准备拔刀相向。（皇帝威廉二世在说这句话的同时做了一个拔剑的动作）……在 48 分钟的会谈过程中，可以提到同盟关系的机会实在是太多，皇帝威廉二世显然利用了这些机会，以确保我们可以完全信赖他。这是贯穿皇帝威廉二世表态的一个重要问题，我在告辞时强调了这个问题并表示感谢，皇帝威廉二世屈尊向我保证说，不论奥地利外交部做何决定，对他而言都是命令……"在一封给贝特曼·霍尔韦格的报告中，德国驻奥地利大使契尔什基确定，威廉二世已经向贝希托尔德明确表示，奥匈帝国"无论如何必须用某种方式，尤其是军事手段吞并塞尔维亚，并至少以此保证，一旦奥匈帝国和俄国爆发军事冲突，塞尔维亚军队不会袭击奥匈帝国，而是会同它一同作战"。威廉二世说得再清楚不过了；因此奥地利人在8个月后，因奥地利对塞尔维亚出兵可能导致欧洲大战问题向德国请求支援时，也就不需要有所怀疑了。

欧洲西部也加紧了对大战的准备。1913年11月，比利时国王阿尔伯特在波茨坦与威廉二世和小毛奇进行会谈，明确了解到德国很快将通过比利时向法国发动袭击。和1904年1月同比利时前国王利奥波德二世谈话时的口气一模一样，威廉二世威胁即位不久的阿尔伯特国王说，与法国开战不可避免，而且迫在眉睫。他说，鉴于德国军队压倒性的优势，德国一定会取胜，国王最好不要阻止（德国）进军。根据威廉二世的意思，小毛奇又向阿尔伯特强调说，德国即将对法国开战，"陛下一定可以想象，

（开战）这一天整个德意志民族将多么振奋……一旦开始，没有什么能阻止'条顿人的狂怒（furor teutonicus）'"。小毛奇还威胁阿尔伯特说，如果小邻国胆敢挡他们的道，就没有好果子吃："选择和我们同一阵营的小国将受益匪浅，因为谁反对我们，谁就要承担严重的后果。"威廉二世的此番狂妄言论再次迅速在全世界传开——它对众人皆知的《凡尔赛条约》战争罪责条款的拟定也起了一定作用。当时，威廉二世针对法国写了无数充满战争意味的批示，这些潦草的字迹证明他的威胁性言论并不是说说而已。"尽管让他们放马过来！上帝会帮助我们与他们决一死战！"或者："这关乎我们在四面受敌的情况下，如何在全世界赢得威望！所以都给我挺直腰板，严阵以待！"

如果英国还不就一场可能爆发的欧洲大战表明立场，威廉二世便会一直信心满满，以至于相信他建造战舰的强权政治手段会为他创造奇迹。他在1913年10月兴高采烈地说："英国来找我们（结盟），不是勉为其难，而正是因为我们皇家海军的强大！！"同一时间，提尔皮茨向与他合作最紧密的同事们宣布，他将在一场即将爆发的战争中发挥他的影响力，即使没有达到炮舰政策的目标也没关系。"至于德国会不会在必要时同英国争夺世界霸权——在这场争夺战中投入大量兵力——或者是否会满足于从前就拥有的欧洲大陆强国地位，这个问题说到底是政治信仰的事。最终对于一个大民族来说，为最高目标而斗争，光荣地走向毁灭，也许比默默无闻地放弃未来都更有价值。"

8 1914年"七月危机"中的皇帝

1914年6月28日弗朗茨·费迪南在萨拉热窝遇刺，刺杀事件发生三周前威廉二世就预言："很快就会爆发第三次巴尔干战争，我们所有人都会卷入其中。"和1912年11月第一次做出开战决定时如出一辙，威廉二世再次命令帝国政府："去搞清楚英国的态度！"1914年6月16日，也就是萨拉热窝刺杀事件发生两周前，贝特曼·霍尔韦格遵照皇帝指示将这个烫手山芋再次扔给了李希诺夫斯基，让他去问清楚，一旦"俄国和奥匈帝国之间任何哪怕是无足轻重的利益冲突点燃了战争的火把", 英国会如何表态。16 日当天, 和小毛奇一样支持发动战争的总军需长① 瓦德西在总参谋部召见了三个非普鲁士的德意志邦国驻外武官, 他请求他们暂时不要向他们的战争部长提交文字报告, 直至另行通知为止。1914 年 6 月, 小毛奇完全按照这个精神要求外交部国务秘书冯·雅戈将其政策调整到发动先发制人的战争路线上。这多少表明, 德意志帝国政府——估计约有 20 名军官和外交官——早在萨拉热窝刺杀事件之前就已经做出了与法国和俄国开战的决定。

毫无疑问, 这次密谋也透露给了皇帝威廉二世。即便不一定是始作俑者, 作为皇帝、国王和最高军事统帅的威廉二世也拥有最终决定权。但问题是, 他做出的开战决定就一定不可动摇吗? 尽管他试图用"这一次我不会屈服!"来消除人们对他决心的怀疑, 然而鉴于他声名狼藉的善变性格, 密谋者们仍将他视为不稳定因素, 而且他们这样想也没有错。威廉二世一

---

① 相当于副总参谋长。

定会同意开动战争机器，不过之后他要少安毋躁，直到他必须在危机的最后阶段为军事动员再次赶回柏林。威廉二世顾问之间的这次密谋表明，德意志帝国皇帝手中的权力已经开始流失，这种情况在战争爆发后不久就显露无遗。

在得知朋友"弗兰齐（Franzi）"遇刺身亡时，威廉二世整个礼拜都待在基尔。他的第一反应是大吃一惊。他中断帆船比赛，赶回波茨坦，不过一整天都没和人透露他决定开战。他打算和弟弟一起前往维也纳参加弗朗茨·费迪南的葬礼。他首先产生了一种预感，好像自己也面临被刺的危险。7月3日，他还故意表明想在秋天之前往罗马尼亚旅游，不过同一天晚上他又重申了1913年10月所作的批示。这个批示已然成了奥地利-塞尔维亚战争爆发的信号，这场战争已经被反复讨论了很多遍，且将所有可能导致的结果都考虑进去了。威廉二世表明，"要么现在，也就是立刻开打，要么就放弃"。尽管如此，威廉二世做出这个批示的目的到底是什么——他是真的打算发动这场欧洲大战，还是只为出兵塞尔维亚可能导致大战而承担风险——却仍然不为人知。至于他在这些日子里究竟受过什么影响，我们也无从知晓。

1914 年 7 月 5 日，威廉二世在新宫接见了奥匈帝国大使瑟杰尼。在看完霍约斯伯爵从维也纳捎回的两份文件后，威廉二世对于奥地利决定消除塞尔维亚在巴尔干半岛的权力影响一事表示满意，并催促奥地利尽快动手。在这个问题上，他态度的两面性——在战争准备和战争意愿之间游移——暴露无遗。他说："俄国不管怎样都会做出敌对性举动，不过他多年以来对此早有准备，甚至如果奥匈帝国和俄国打起来，我们（奥地利人）要坚信，德国会一如往常忠诚地遵守盟约，站在我们这一边。"

当天，威廉二世还在波茨坦召见了帝国首相、外交部副国务秘书阿图尔·齐默尔曼（Arthur Zimmermann）、战争大臣埃里希·冯·法金汉（Erich von Falkenhayn）、军事内阁大臣冯·林克男爵（Freiherr von Lyncker）、副官长冯·普勒森（von Plessen）和海军司令部代表。元帅们向威廉二世保证，陆军已经严阵以待。第二天早上，威廉二世还命令海军上将冯·

卡佩勒（von Capelle）（他作为帝国海军部代表替休假中的提尔皮茨做报告），秘密地"做好调动舰队的准备"。不过他看上去已经对塞尔维亚的屈服胜券在握了，"因为沙皇不会支持刺杀皇储的凶手，还因为俄国现在无论在军事上还是在经济实力上，都完全没有做好打仗的准备"。

7月6日，威廉二世在贝特曼的敦促下踏上了惯常的"北国之旅"。贝特曼想借这个诡计制造一种假象，即德国对奥地利出兵塞尔维亚的企图毫不知情。他的私心当然也是其中一个考虑，他想在关键时刻到来之前，尽可能让反复无常的威廉二世远离柏林，以避免自己的布局被打乱。于是，"霍亨索伦号"皇家游轮并没有像往常那样驶向挪威北角，而是早早地在松恩峡湾的巴尔霍尔姆（Balholm），也就是离卑尔根以北仅100公里处就抛了锚。这个举动已经表明，这一次的"北国之旅"只不过是伪装。这也意味着，威廉二世可以在22个小时内从那里赶到库克斯港，换句话说也就是在两天之内抵达基尔，签署军事动员令。

对于正在上演的这幕大戏，威廉二世绝不

可能装聋作哑，他在巴尔霍尔姆接到了几十封从柏林发来的电报。这些电报不仅源源不断地向他提供了最新消息，还给了他随时参与其中的机会。威廉二世性格暴躁的儿子用攻击性的口吻威胁说，他要怀疑德国的动机了。在贝特曼的强烈要求下，威廉二世命令他儿子不要再提这件事。威廉二世从巴尔霍尔姆向土耳其、保加利亚、罗马尼亚和希腊发去电报，请求它们在可能发生的俄法军事冲突中与德国结盟，他同时还向意大利发出了结盟邀请。

据称，德国政府和巴尔霍尔姆行宫方面事先并不知道奥地利向塞尔维亚发了最后通牒，然而在最后通牒发出4天前，威廉二世就建议说，外交部最好秘密告知哈帕格和北德意志劳埃德（Lloyd）两家航运公司可能出现的战争风险。7月19日，海军上将冯·穆勒在日记中记录道："对于23日奥地利将向塞尔维亚发出最后通牒一事，陛下非常激动。"当最后通牒传到"霍亨索伦号"皇家游轮上时，威廉二世明知内容令人无法接受，却也欢呼道："这件事干得真有魄力！"当得知塞尔维亚方面表示让步时，他更是激动地大喊："太好了！人们再也不会相信维也纳人干不出好事了！……自大的斯拉夫人！所谓的塞尔维亚伟大国家是如此的不堪一击，所有的斯拉夫国家不过如此！对于他们这些无赖，非要狠狠地踹上一脚才行！"威廉二世的此番旁白并没有在避免一场大战方面起到什么缓和作用，因为恰好在那一天，他给舰队司令冯·英格诺尔（von Ingenohl）下了命令：必须通过摧毁塔林和里堡（Libau），点燃与俄国的战火。但英格诺尔还是顶住压力，推迟了对这两个俄国军港的炮击。

与巴尔霍尔姆和威廉大街的外交官们相比，威廉二世的好战性此时受到了更大鼓舞。7月25日，贝特曼·霍尔韦格不由地抛出疑问："这个膨胀的少尉（威廉二世）究竟想拿这个世界怎么样？"由于德国的远洋舰队当时正在挪威南部进行军事演习，而英国皇家海军正集结在南安普敦举行大型舰队阅兵，贝特曼非常希望，英国海军原定7月27日结束阅兵的计划不会被提前召回德国远洋舰队的举动打破。然而威廉二世的躁动却打乱了他的阵脚：7月25日早晨，威廉二世在巴尔霍尔姆下令立刻撤回他的舰队。贝特曼请求威廉二世收回这个命令，因为此举会迫使英国战舰提前进入战备状态。威廉二世对此勃然大怒，愤愤然地发表了一通长篇大论。他责骂到，这位"平民首相"的电报令人愤慨！"简直是无理取闹！"塞尔维亚的军事动员"会引发俄国的军事动员，也会促使奥地利开始军事动员！在这种情形下，我必须将我的海陆军队集结在一起。现在，我们在波罗的海连一支军舰都没有！！……如果俄国准备开战，我的舰队必须已经在波罗的海待命，所以要让它们回来！"事实上，在丘吉尔的命令下，英国皇家海军已经连夜从英吉利海峡悄悄地开进了苏格兰海域。

威廉二世不仅下令撤回远洋舰队，还在 7 月 25 日决定结束"北国之旅"，返回德国。在返程途中，他继续坚定地表示，至少要实现对中欧列强有利的、"向巴尔干和欧洲的"权力大转移。他写道："奥地利必须在造成俄国在巴尔干地区利益损失的基础上，在当地获得比其他中小国家更有优势的地位，否则就不得安宁。"他拒绝了一切调解建议，当俄国外交大臣威胁说，一旦奥地利向塞尔维亚出兵，俄国就要开战时，威廉二世摆出一副满不在乎的姿态回应说："那就放马过来吧！"

还没等到游轮抵达基尔，威廉二世就已经对这场欧洲大战满怀期待了。更让他身边的人惊讶的是，7月26日傍晚，威廉二世在给皇后的一封电报中写到，他希望很快可以和她一起去威廉高地公园（Wilhelmshöhe）避暑。总之，如果说有什么能让皇帝威廉二世在接下来的日子举棋不定的话，那就是英国所采取的态度了。

"霍亨索伦号"皇家游轮7月27日抵达基尔，此时的威廉二世仍然沉浸在好战情绪中，连海军上将们都直摇头。威廉二世下令封锁波罗的海东部海域，提尔皮茨和卡佩勒认为这个命令简直"有病"，是在开"军事玩笑"。他们气愤地喊道："他这是把士兵当猴耍！"威廉二世这边却在为贝特曼的请求大发雷霆。贝特曼请他最好不要返回柏林，而是前往波茨坦，因为正在柏林等着他露面的示威者可能会将他的出现视为要打仗的信号，然而贝特曼政策的目标是"毫无顾忌地用尽一切手段，让俄国在全世界面前失去正义性"。威廉二世不理解地抱怨说，"真是越来越不像话了"，"这个人现在居然给我下命令了，还让我不要出现在我的人民面前"。威廉二世抵达新宫后，贝特曼、小毛奇和海军参谋长冯·波尔（von Pohl）依次向他做汇报，还没等汇报完他就果断地说：现在把外交部拟的电报发给沙皇，还为时太早；奥地利人应该向意大利人做出有诚意的补偿，这样意大利就也能参战了；拒绝英国提出的关于召开国际会议的建议。对于这次面对面汇报的结果，穆勒这样描述道："保持克制，让俄国成为不正义的一方，然后就可以无所顾忌地开战了。"战争大臣冯·法金汉私下里听说，有人已经决心将这件事坚持到底，"不管付出多大代价"。

直到这时，威廉二世仍认为英国不会插手可能爆发的战争（仅在俄国被当成搅局者的情况下）。为了维持这一幻想，贝特曼在向威廉二世转达李希诺夫斯基的电报内容时，刻意弱化了其中的告诫意味。然而 7 月 27 日从伦敦传来一个消息，它的严重程度足以让威廉二世再也坐不住了：李希诺夫斯基报告说，爱德华·格雷爵士认为塞尔维亚对奥地利最后通牒的回复太软弱，以至于奥地利和德国可能会成为不正义的一方，他们不应该让贝尔格莱德成为谈判的筹码。7月28日早晨，威廉二世看了李希诺夫斯基的这封电报。他第一次有了改变当前路线的想法。

现在威廉二世认为，考虑到塞尔维亚的顺从，必须打消一切向塞尔维亚开战的借口。取而代之的是，奥匈帝国应该抓住贝尔格莱德不放，直到它的要求全部被满足为止。威廉二世相信这样便可以平息这场国际危机，他甚至打算继续踏上他未完成的旅程。他气恼地抱怨说，维也纳方面已经无视他的意愿好几个星期了。但威廉二世并没有从中看出，他自己的政府在耍花招。对于威廉二世提出的"抓住贝尔格莱德不放"的建议，贝特曼不仅加以歪曲，而且还拖延了向维也纳方面传达的时间，以致再也没有什么办法可以阻止奥地利向塞尔维亚宣战了。此外，贝特曼还在给德国驻奥匈帝国大使契尔什基的指示中清楚地表示，德国绝不会阻止奥地利。威廉二世的调解行动就这样失败了，很快，那些元帅们就更有理由让威廉二世奉行他们的战争路线了。7月28日傍晚，到访新宫的法金汉见到威廉二世时大吃一惊。"他讲话颠三倒四，只听他说现在他再也不想打仗了，他心意已决，要让奥地利自尝苦果。"根据法金汉的记录，他提醒威廉二世"注意"，"他再也把握不了局势了"。不过很快，法金汉就高兴地发现，威廉二世再次坚信，"球一旦滚动起来，就再也停不下来了"。

为什么会这样？发生了什么事情，让威廉二世再度充满了好战的情绪？7月29日上午，他收到了海因里希寄给他的一封信，和1912年12月一样，海因里希前往伦敦，向英国国王乔治五世打探英国的动静。1914年7月26日（星期日早晨），由于赶着要去参加弥撒，乔治五世便与海因里希在白金汉宫进行了极为简短的会面，由此海因里希得出结论：英国一定会保持中立。他告诉威廉二世，"乔基（Georgie）"承诺说："我们会保持中立，绝不插手。"突然间，威廉二世又看到了对俄国和法国开战的希望，而不必担心英国的介入了。他告诉提尔皮茨："英国国王已经向我打了包票，这就足够了。"

178

/ 116

威　廉　二　世

众所周知，威廉二世和沙皇尼古拉二世在"七月危机"的最后几天通过电报，正如贝特曼所说，发出无异于哑谜的电报，目的是"完全暴露俄国的罪责"。威廉二世没有像上一次直接在外交部拟定的、发给沙皇的电报上签字，而是亲笔写了一封以他和海因里希的名义发给英国国王的电报。然而7月30日伦敦发来的电报再次让海因里希白金汉宫之行萌生的"英国中立幻想"破灭了。格雷在电报中声明，一旦德国和法国开战，英国不会保持中立，而会立即出动战舰参战。海军上将冯·穆勒写道，"这是这些天以来最严重的打击"，威廉二世"深为震惊"并陷入了极大的痛苦。他疯狂地对身边的人拳打脚踢，看起来好像要崩溃了一样：他认为要为这场灾难担责的，不是他或者他的盟友奥地利人，而是其他人。

尽管如此，为了阻止已经开始运转的战争机器，威廉二世还是做了最后的努力。7月30日接近午夜，一封乔治五世写给海因里希的电报被送到了新宫，在电报中乔治五世对威廉二世提出的"抓住贝尔格莱德不放"的建议表示赞同，他承诺会尽全力防止一场灾难的发生。威廉二世请求海因里希立即将这封电报送到身在柏林的贝特曼手里，让贝特曼转交给维也纳方面。威廉二世吩咐，同时贝特曼还要通知伦敦，只要得到保证，奥地利人就满足了，随时可以放弃对塞尔维亚的一切领土要求。海因里希在第二天凌晨1点15分将乔治五世的电报转交给了贝特曼，凌晨2点半又回到了波茨坦。威廉二世起床后再次对贝特曼下命令，让他起草两份"有关英国和维也纳的建议"的文件，以回复英国国王和俄国沙皇，并呈送自己过目，"文件要和我的构想差不多吻合才行"。海因里希连夜向首相官邸传令的举动可能将讨价还价的苗头扼杀在了摇篮中。然而贝特曼无视了威廉二世的命令。事实上，德国政府和奥地利政府都没准备接受威廉二世提出的"和平倡议"。

由于海因里希"改写"后的电报语气和缓了许多，也充满了乐观的意味，威廉二世在"七月危机"的最后阶段再次显露出了好战的一面，他坚信德国很快就能战胜法国和俄国。巴伐利亚元帅冯·文宁格尔（von Wenninger）在

7月30日报告说，皇帝坚定地站在了小毛奇和战争大臣一边。威廉二世对奥地利大使说，他"决心与法国一战"。他的目标是，"将巴尔干永远地从俄国手中解放出来！"他的表态得到了海因里希和他6个儿子的一致支持——和瓦伦蒂尼观察到的一样，威廉二世的儿子们"全都好战成性"。皇后也知道，威廉二世心意已决。

小毛奇和法金汉催促赶紧宣布德国进入"受战争威胁"的状态，以作为对军事动员的准备，然而贝特曼仍然坚信俄国会用宣战的方式成为不正义的一方。他们协商后决定，以7月31日中午12点为限。当俄国宣战的消息在距离这个期限前20分钟传到德国时，柏林方面爆发出了热烈的欢呼声。文宁格尔在拜访战争部后报告说，"到处都洋溢着灿烂的笑容"。威廉二世做出指示，宣布德国进入"受战争威胁"状态，并同海因里希和儿子们一起离开波茨坦前往柏林。当天下午，在聚集在星厅的军官们面前，威廉二世对当前形势做了陈述。法金汉事后说："皇帝宣布，如今（发动战争的）责任都推到了俄国的头上。他的举止和言语称得上是一位德意志皇帝！称得上是一位普鲁士国王。"威廉二世指示贝特曼，向俄国发出最后通牒，然后也给法国发一份。1914年8月1日，威廉二世和战争大臣签署军事动员令，落笔时两个人都眼泪汪汪。随后威廉二世在宫殿阳台发表讲话，讲话起到了他所期待的效果，唤起了德国人民的战争热情。"现场沸腾了，"穆勒在他的日记中写道，"德国政府现在得到了幸运之神的眷顾，我们成了被攻击的对象。"威廉二世给奥匈帝国皇帝弗朗茨·约瑟夫去了一封电报，他在电报中声称，对塞尔维亚的战争已经"完全不重要了"；奥地利必须马上将"主要火力对准俄国"，不要分散兵力同时打击塞尔维亚。他还写信要求意大利、希腊和罗马尼亚国王，以及保加利亚和土耳其政府，同德国一起抗击他们共同的敌人。

8月1日还发生了一个小插曲，它可能是整个"七月危机"中最广为人知的。当天，为了尽快开始"这场全世界见证的、最困难的血腥战争"（法金汉），小毛奇和法金汉离开宫殿去紧急部署，然而他们离开后不久又被叫了回去。

摆在他们面前的是一封伦敦方面发来的最新电报，李希诺夫斯基在电报中承诺，如果德国打击的对象只有俄国，而不针对法国，那么英国将保持中立；也就是说，在这种情况下，英国的海陆军会为法国的中立做担保。让小毛奇吃惊的是，威廉二世大喊："那么我们干脆也让东线的全体军队一起出动好了！"当小毛奇指出，不可能将一支拥有数百万人的陆军军队从西线调往东线时，威廉二世"非常生气地"告诉他："换作是您的叔叔（老毛奇），他不会这么回答我！"他通过副官长冯·普勒森下令，立即停止对卢森堡和比利时的突袭。小毛奇崩溃了，脸红筋胀的他留下了绝望的泪水。他像遭受了打击一般突然叹了一口气，说："我宁愿向法国人和俄国人开战，也不愿意同这么一个皇帝斗。"

通过当时在场的其他军官和外交官的反应，人们就能明白，小毛奇彻底地失败了：他们都不赞同小毛奇对伦敦电报（尽管不同寻常）的反应；所有人都认为威廉二世将西线军力调往东线的命令符合实际，而且格雷提出的条件好像给德国提供了在非常理想的情况下向俄国开战的可能性。当天晚上 8 点 30 分李希诺夫斯基再次发来电报，承诺不管德国向俄国还是法国出兵，英国都不会干涉，柏林宫殿的欢庆气氛更加热烈了。威廉二世"情绪非常高涨地"举起了祝酒杯；他多年追求的霸权政策目标眼看着就要实现了。

这样的气氛一直持续到了深夜。乔治五世看到威廉二世针对李希诺夫斯基第一封电报给他的回复后表示惊讶，赶忙将外交大臣格雷叫到了白金汉宫。格雷按照乔治五世的意思拟了封答复电报，电报将李希诺夫斯基的消息解释为误传；英国的立场并没有发生改变。夜里11 点，小毛奇被叫到宫殿。当时威廉二世已经就寝，穿着睡袍接见了小毛奇。他"非常激动地"对小毛奇说："您现在可以做您想做的事了。"就这样，德国按照原定计划突袭了比利时的列日，并进军卢森堡，战争已经打响。萎靡不振的威廉二世整天都躺在床上，小毛奇的神经也"受到了最严重的损害"。正当李希诺夫斯基侯爵像失败者一样穿着睡衣在房间里来回踱步，对伦敦方面传来的消息感到困惑不解时，门外准备接管德国事务的美国外交官已经抵达。梅希蒂尔德·李希诺夫斯基女侯爵（Mechtild Lichnowsky）将威廉二世的画像从她丈夫书桌上推倒，并大叫："把事情搞砸的是这头蠢猪！"

其实要说事态到了绝望的地步，倒也不至于。这无论如何不是威廉二世一个人的责任，他甚至连战争的主要推动者都算不上。在"七月危机"中，他有时还被他的顾问们欺骗，尤其是在他威胁"要变卦"的时候。然而这些顾问都是他亲自提拔上来的，因为他们要么行事果断，要么顺从，他们代表了威廉二世政策的方向，也算是恪尽职守。威廉二世的"个人统治"已经实施了20年，它在普鲁士－德意志国家机器中，以及在部分军官团中造成了一种功能失调的多头政治局面，也形成了某种宫廷文化——在这种环境下，像梅特涅或者李希诺夫斯基一样谨慎的人所发出的提醒，并不会受到重视。皇帝威廉二世的英雄主义和好战个性越是陷入同绝大多数德国人的对立，他和他的海陆军"圣骑士们"在国内感受到的威胁也就越大。当时最需要的是亡羊补牢，用俾斯麦的手段挑起一场防御战，来冲破内政和外交的包围。

当 1914 年的"七月危机"几近结束，局势变得紧张时，威廉二世可能有过一些迟疑。在多年坚定地提出炮舰政策的要求后，他比他的陆军将领和外交官更加清楚，德意志帝国在一场有英国参与的欧洲大战中将会面临什么样的危险。然而在与弗朗茨·费迪南大公，以及与密友菲斯滕贝格的交往中，威廉二世反而在为欧洲大战的爆发而努力，对于与英国王室的家族关系，他也是虚情假意。这样看来，他的确要对这场欧洲浩劫的发生负主要责任，也许还要负最大的责任。关于威廉二世在大战前夕起到的关键作用，长年出任奥匈帝国大使的瑟杰尼可以证明，他在 1913 年 8 月还向本国外交大臣保证："如果我扪心自问，谁才是当前德国外交政策的真正领导人，答案只有一个。有权决定德国外交政策的既不是帝国首相冯·贝特曼·霍尔韦格先生，也不是外交部国务秘书冯·雅戈先生，而是皇帝威廉二世本人，而且从首相和国务秘书二人自身角度看，他们并没能对威廉二世施加足够的影响。"

第六章 狂妄的"上帝骑士"

（1914~1918年）

1 皇帝的战争目标

对于威廉二世来说，第一次世界大战同时也是"君权神授说"与民主思想在世界范围内的一次"神鬼"交锋。1918年3月，当鲁登道夫看似已经在西线战场取得突破性胜利时，威廉二世激动地喊道："我们赢了，英国人彻底没戏了！"他还说："如果一个英国议员来找我们求和，他必须先在我的骑兵队队旗面前下跪，因为战争的胜利也代表着君主制对民主制的胜利。"在数百万人因为战争而丧生或致残的同时，威廉二世却幻想着，只有他和其他受过加冕礼的欧洲君主才有权进行和平谈判。

但是，威廉二世是怎样看待这种"上帝赋予德意志的和平"的呢？第一次世界大战对他而言，并不仅仅是他20年来"世界政策"的延续和手段之一，要回到战前的状态，对他来说同样是不可想象的。在贝特曼·霍尔韦格1914年9月9日写下的臭名昭著的备忘录中，他将战争的总目标定义为"保证德意志帝国能够在尽可能长的时间内，获得东西两线的安全保障"。为了达到这个目标，必须长期削弱法国、割裂比利时、吞并卢森堡，并通过建立德意志"卫星国家"将俄国的注意力从德国边境引开。按照这个目标，整个中欧的经济应该由德国来掌控，并通过对中非广大地区的殖民得到增强。贝特曼描绘的这番惊人的"宏图伟业"，得到了皇帝威廉二世的首肯。1915年，威廉二世对奥地利外交大臣说，他会终结英国的"均势政策"，打造一个坚不可摧的"中欧共同体"。1918年，当安德拉什伯爵（Graf Andrássy）作为以欧洲均势政策为基础的"和平调停人"出面时，威廉二世还声称："非常感谢！但我们不需要！我们自己去！带着我们的剑！上帝会保佑我们！"他还认为安德拉什显然不太正常，并建议他去疗养院待一阵子。

大战刚刚爆发，威廉二世就提出了一个特殊的愿望，那就是在比利时和法国佛兰德人聚居的海岸进行某种形式的"种族清理运动"，以便让在当地服役的德国士兵以农民的身份在那里定居。他将包括安特卫普、泽布吕赫、奥斯坦德、敦刻尔克、加来、布洛涅等港口城市在内的佛兰德海岸称为"我的海军的打击对象"。他认为，即使不吞并整个比利时，比利时城市列日及其周边也应该像卢森堡一样归顺德国。

此外，在以损害俄国利益为基础建立波兰卫星国的过程中，威廉二世也同样起到了决定性的作用。1914 年 7 月进行军事动员后，他立即宣布，他的目标是建立一个"独立的"波兰。按照他的设想，新建立的波兰必须和波罗的海切断联系，并在外交、军事和政治上接受德国的领导——而他本人将拥有对波兰军队的最高指挥权，波兰铁路也将并入普鲁士的铁路系统。1916 年 11 月 5 日宣告成立的波兰王国，也是皇帝威廉二世授意的结果。

1917 年 2 月沙皇倒台后，威廉二世列出了他对于新的世界格局的惊人设想，这表明了他在第一次世界大战中追求的真正的目的。在 1917 年 4 月 19 日的一份备忘录中，威廉二世要求占领马耳他、亚速尔群岛、马德拉群岛和佛得角群岛，将其作为他舰队的据点；他还要求吞并比利时属刚果和法国铁矿盆地隆维 - 勃利耶，以及促成波兰、立陶宛和库尔兰与德意志帝国的合作。根据皇帝威廉二世的设想，乌克兰、利沃尼亚和爱沙尼亚也应该成为德国的"卫星国"。此外，他还向英国、美国、法国和意大利提出了数十亿金额的赔偿要求。这些要求不仅是威廉二世的个人诉求，在巴特克罗伊茨纳赫（Bad Kreuznach）战争目标会议召开短短几天过后，这些要求也被确立为德国的政策路线。在 1917 年 5 月 13 日的另一份备忘录中，威廉二世还提出了他对同俄国进行和平谈判的"最低要求"。在这份备忘录中，除了再次强调要吞并隆维 - 勃利耶，占领马耳他、亚速尔群岛、马德拉群岛和佛得角群岛以外，他还提出了归还德国在非洲（包括整个刚果在内）殖民地的要求。他想要将比利时分为瓦隆大区和佛兰德大区两部分，并由德国来统治。在东面，他打算直接或间接地吞并波兰、库尔兰和立陶宛，以及让乌克兰实现"自治"。除了威廉二世想要向英国、美国、法国和意大利提出的这些"巨额赔偿"之外，他还打算向中国、日本、巴西、玻利维亚、古巴和葡萄牙也提出数十亿金额的赔偿要求。他认为，土耳其应收回塞浦路斯、埃及和美索不达米亚（伊拉克），西班牙应该收回直布罗陀。

在第一次世界大战爆发之前，威廉二世就断定沙皇俄国必然会爆发革命。当他得知列宁从苏黎世转到圣彼得堡时，他嘲笑说，就应该把他的讲话发给这些布尔什维克主义者们，让他们在路上看。1918 年 1 月，威廉二世与托洛茨基（Trotzki）在布列斯特 - 立托夫斯克（Brest-Litowsk）会谈，威廉二世在谈话材料的旁注上概括了他对东方和西方的野心："德国战胜俄国是'二月'革命的先决条件，有了它才有列宁，然后才谈得上布列斯特！"他表示，必须现在就向西方进军。在即将到来的"胜利的和平"中，不会有"让各民族喜悦的世界公民思想"的一席之地。"具有决定意义的，只有各自赤裸裸的利益，以及各自对安全和领土的保障。"

原则上，威廉二世想象的国际新秩序当然也是针对英国，以及当时流行的"不列颠治下的和平（Pax Britannica）"概念而言的。暴力打破欧洲均势状态，占领从安特卫普到布洛涅的英吉利海峡港口城市，让德国老兵作为农民在佛兰德海岸定居，将法国降级为一个没有军队和煤炭资源的独立国家，将整个欧洲大陆的势力范围扩大到大西洋至黑海、芬兰至马耳他之间的区域，让德国统治下的中欧成为欧洲的经济中心，形成一条从爱沙尼亚到高加索山脉的德国"卫星国"地带，贯穿一条经过巴格达通往埃及和波斯湾的铁路线，让德国的战舰停靠在布列斯特、波尔多和马德拉群岛，将亚速尔群岛、佛得角群岛和包括多哥、喀麦隆在内整个刚果以及东非和西南非收归德国所有——在这样一个新世界里，骄傲的英国将降格成为一个无足轻重的大西洋岛国，随时受到可以自由进出各大洋的德意志皇家远洋舰队和潜水艇的威胁。第一次世界大战远远不是一场"错误的战争"，对英国人而言，它和第二次世界大战一样都是关乎生死存亡的战争。

随着突破西线的希望化为泡影，威廉二世认为，战胜英国和重建世界格局的愿望可能要在"第二次布匿战争"中才能实现了。1917年9月，威廉二世和时任帝国首相格奥尔格·米夏埃利斯（Georg Michaelis）的争论让对方目瞪口呆："比起我的同胞，尤其是我的官员，特别是我的外交官，我更了解英国和英国人！如果您的前任们更好地按照我的建议行事，而不是一味地坚持他们的大陆政策路线，那么这些家伙的所作所为就会完全两样！他们想要强调的是：英国是一个对我们怀有满腔仇恨和嫉妒的对手，它肯定期望取得战争的胜利；战败只会让它更加仇恨我们；这场战争还会在经济上毫不留情地继续，在外界看来，恢复和平之后英国也必定是输家……英国没能赢得第一次布匿战争，那是上帝的旨意；然而我们也没有赢，而且眼下仿佛也赢不了。既然如此，我们必须马上为第二次布匿战争做准备，但愿能遇上更出色的盟友和更好的时机。因为战争已经来了。在德国和英国决出高下之前，世界就没有什么和平可言！既然英国不同意和我们站在一起，那么就必须把它踢出局。英国就是 1866 年的奥地利；1866 年普奥战争就是 1870 年普法战争的先决条件！如今的英国也面临同样的情况。为了可以正式打败它，我们必须趁着现在和平的空档，坚决通过军事和海军政策手段创造出这样的先决条件。"

2　战争中无能的最高军事统帅

虽然威廉二世在第一次世界大战期间主要待在大本营，但他影响了各种军事行动的进程，这是确信无疑的。有人批评他不作为，为了不刺激他，他身边的人并没有把全部的战况告诉他。他的情绪波动非常大，需要转移注意力，他远离柏林，甚至没有试着去——哪怕象征性地分担一些德国人民的痛苦。在战争爆发的头几个月，霍亨索伦家族统治下的德意志帝国便呈现出了衰败的趋势。尽管如此，威廉二世在第一次世界大战初期所起的作用还是不应该被低估。在 1916 年 8 月任命兴登堡－鲁登道夫组合为德意志帝国第三代陆军最高指挥官之前，威廉二世对人事安排和海上战斗的指令都是决定性的。甚至直到 1918 年 11 月德国战败，皇帝威廉二世"个人统治"的"君王运作体制（Königsmechanismus）"一直在形式上起着作用，这迫使皇帝（尽管他对此也不堪重负）必须在战争的每一个重要环节做出决定。这样一来，德国政府内阁的三位大臣在战争期间的影响力就更大了，因为威廉二世的决定需要依赖他们给出的建议。

不走运的总参谋长小毛奇在 1914 年 9 月被埃里希·冯·法金汉取代后，大战中的执牛耳者变成了军事内阁大臣莫里茨·冯·林克（Moriz von Lyncker）。马恩河战役落败后，小毛奇再次崩溃了，并直接导致他被就地免职。在林克的催促下，皇帝威廉二世任命普鲁士战争大臣法金汉兼任总参谋长，他此后还不顾一切非议和可能的阴谋诡计力挺法金汉，直到强大的兴登堡－鲁登道夫组合在 1916 年夏天取代他。

让冯·提尔皮茨感到非常遗憾的是，威廉二世对海战指手画脚，又以最高军事统帅的身份直接下令，但依据却只是照搬海军内阁大臣格奥尔格·冯·穆勒给出的建议。威廉二世否决了海军上将率领远洋舰队加入北海大战的请求，并且不容分说地命令道："他已经下令远洋舰队不要动了，那就别动。"皇帝威廉二世对潜水艇战的指挥越来越让人心焦，特别是在 1915 年 5 月德军击沉英国"卢西塔尼亚（Lusitania）号"客轮后尤为如此，这场惨剧造成包括大量美国人在内的近 1200 人丧生。贝特曼、穆勒和法金汉都认为，要尽一切可能避免美国参战。在三人一致同意的情况下，威廉二世下令，以后不再将客轮作为攻击目标。提尔皮茨随后就递上了他的辞呈。威廉二世生气地命令道："不行！留下来，服从命令！"他说："在战争这种非常时期，不允许提尔皮茨以在调遣海军方面存在异议为由提出辞职，因为最后做决定的是我这个最高军事统帅，我完全清楚自己的责任是什么。""我一手创建和培养了这支舰队，至于什么时候、在哪里和怎样调遣它，全由我这个最高军事统帅说了算。"提尔皮茨留下了，并以继续进行"无限制潜艇战"的方式表达抗议。威廉二世一边避开他的锋芒，一边也对自己面临人生中最艰难的抉择而抱怨不休。当提尔皮茨再次递上辞呈时，威廉二世终于在1916年3月不情愿地将他解了职。不过，在任命兴登堡－鲁登道夫组合为德意志帝国第三代陆军最高指挥官后，威廉二世面临的有关实施无限制潜艇战的压力反而更大了。1917年1月8日，他突然并且异常坚决地下令，要不顾一切地将潜水艇投入战斗，甚至威胁要贝特曼辞职。他突然提出，潜艇战作为"彻头彻尾的军事行动"，不是帝国首相应该过问的事。"那帮英国无赖们一定会朝我们来的……到时候要继续教训他们，继续向他们开火，再用潜艇打他们！要让这些家伙忍气吞声，接受我们提出的条件！"果不其然，两个月后美国宣布参战了。

3　垮台和逃亡：霍亨索伦家族统治的结束

总有人冷嘲热讽地说，威廉二世越是执拗

地幻想统治全世界，就越会在自己的帝国内沦为一个无助的挡箭牌。第一次世界大战促使德国彻底改革普鲁士－德国宪法，必须废除过时的三级选举制（Dreiklassenwahlrecht）、首相和大臣自由选举制，以及皇帝威廉二世不受限制的军事指挥权。然而威廉二世坚决抵制贝特曼·霍尔韦格提出的改革建议。威廉二世认为，引入议会制度将损害君王的权力，使其不能按照个人喜好选任或解雇大臣。此外，他还在 1917年 6 月明确表示，让社会主义者或中央党人进入政府主管部门简直"无法想象"。他说，要等战争结束后才会考虑将普选制引入普鲁士的事。随着大权向兴登堡和鲁登道夫两人的转移，皇帝威廉二世的"个人统治"受到了极大的威胁。然而，相比实行议会制度，他宁愿躲在这两位元帅的背后。他还对他的一名侍从副官说："待在兴登堡和鲁登道夫这两个人的旁边，我就像在天堂一样愉快。"

尽管如此，皇帝威廉二世与帝国首相贝特曼还是耗尽了精力：他们一方面要面对日益觉醒的帝国议会，另一方面又要面对军队最高指挥权的归属问题。1917 年 7 月 12 日，威廉二世得到消息称，兴登堡和鲁登道夫将提出辞职请求，因为他们不能忍受再与贝特曼共事。威廉二世对二人的忤逆非常生气，不过他想必也非常清楚，辞掉这两位受人爱戴的陆军元帅是不可能的。所以第二天，威廉二世接受了贝特曼·霍尔韦格的辞呈。

对于任用新首相的问题，威廉二世再一次陷入了迷惘。在递交辞呈的同时，贝特曼向威廉二世推荐巴伐利亚首相赫特林（Hertling）伯爵作为他的继任者，然而赫特林以自己年事已高为由拒绝了。莱兴费尔德提议任用曾担任大使的伯恩斯托夫（Bernstorff）为新帝国首相，威廉二世虽然嘴上说要"认真考虑"，心里却做好了"一旦兴登堡同意"就暂时保留此建议的准备。在御前枢密处主管拒绝前去请求兴登堡同意时，瓦伦蒂尼被叫到了军事内阁大臣林克那里。瓦伦蒂尼和林克商量过后更没了主意，甚至开始在"哥达贵族谱系（Gothaischer Adelskalender）"上搜寻可能的首相人选。后来，副官长冯·普勒森也加入了讨论，他在

199

第六章 狂妄的"上帝骑士"（1914～1918 年） / 129

日记中记录下了讨论的全过程:"我在军事内阁会见了瓦伦蒂尼。他没主意。林克也是一样。我们再次列出了所有可能的和不可能的候选人:达尔维茨(Dallwitz)、比洛、提尔皮茨、加尔维茨(Gallwitz)、伯恩斯托夫、兰曹(Rantzau)。根据瓦伦蒂尼的见解,这些人都不能任用,反正是各有原因。我们静静地思考着。之后我再次推荐达尔维茨。被否决了。因为他应该已经声明,他绝不会接受帝国首相这个职位。然后我又举荐哈茨费尔德(Hatzfeld)。陛下不愿意任用他,比洛和提尔皮茨也是一样。然后,我想起了聪明果断且值得信赖的副国务秘书米夏埃利斯!瓦伦蒂尼高兴极了!这是个合适的人选。瓦伦蒂尼、林克和我首先向兴登堡推荐了米夏埃利斯。兴登堡和鲁登道夫完全同意。于是我们三个人去找陛下,虽然陛下只见过米夏埃利斯一面,他还是点头了;他说,米夏埃利斯就是个小地精。"在征得陆军最高指挥官同意后,德意志帝国首相这个德国最高的官职便落在了一个威廉二世几乎不了解的人身上,这个人在政治上没什么人支持,在外交政策方也毫无经验可言。米夏埃利斯 1917 年 10 月又把这个棘手的职位交给了曾拒绝就任首相的赫特林。1918 年 1 月，威廉二世被迫将他多年的亲密顾问瓦伦蒂尼解职，让极端保守的弗里德里希·威廉·冯·贝格（Friedrich Wilhelm von Berg）担任御前枢密处主管，这表明他对兴登堡和鲁登道夫这两位强大陆军元帅的顺从已经到达了顶点。

1918 年夏天"鲁登道夫攻势（Ludendorff-Offensive）"失败后，德国沦为第一次世界大战失利的一方。在饥饿的德国人民和军队看来，威廉二世是战争结束的绊脚石；国内和前线迅速充满了革命的气氛。帝国首相马克斯·冯·巴登亲王（Prinz Max von Baden）领导下的新政府希望威廉二世及早退位，他建议让一名年轻的王子即位，以挽救德国的君主制国家政体，却无功而返。威廉二世声称："我不退位；我要是这么做，帝国就完了……首相也收拾不了如今的烂摊子，外交部早已经吓得尿裤子了。"1918 年 11 月 1 日，受帝国首相委托，普鲁士内政大臣比尔·德鲁兹（Bill Drews）前往德国位于斯帕的大本营，劝说威廉二世退位。他也遭到了威廉二世的当场责骂："我不退位。这与我作为普鲁士国王和腓特烈大帝后人的身份，以及我对上帝、人民和我的良心应承担的责任格格不入……我的退位将是德意志君主制统治彻底结束的开始……我尤其不能允许自己逃避我作为最高军事统帅的责任，现在就置我的军队于不顾。我的军队现如今正和敌人进行着英勇的斗争，它们的紧密团结让我非常感动。如果我离开了，军队就散了，敌人就可以畅通无阻地入侵我们的家园了。"1918年11月3日，皇帝威廉二世还表现得非常好战，他威胁革命者说，"答案要用机关枪来书写"。"我不退位，为了区区100个犹太人和1000个工人也不能退位。"

出乎德国海军意料的是，当天在基尔爆发了革命，这场革命迅速席卷了整个德国。德国各王室退位，柏林面临着骚乱和内战的威胁。斯帕的部队指挥官经过调查发现，士兵们"全无战意，且疲惫不堪"，他们没准备为"实际上对他们来说无关紧要的"皇帝向自己的同胞开火。普勒森建议威廉二世从德意志帝国皇位上退下来，但还接着当普鲁士国王，这也让威廉二世以不符合国家法律为由拒绝了。正当大本营的人们为寻找出路冥思苦想时，为了稳定军心，马克斯·冯·巴登亲王不得不在柏林宣布威廉二世退位。短短几个小时后，菲利普·谢德曼（Philipp Scheidemann）宣布成立魏玛共和国。鲁登道夫的继任者格勒纳（Groener）元帅在回忆当时的场景时说，皇帝在那一刻清楚地认识到，霍亨索伦家族的君主统治走到了终点。"他什么也没说，只是盯着一个又一个人看，目光先是带着惊讶，然后充满了令人同情的祈求，最后又呈现出一种有些奇怪的、茫然的惊愕。他什么也没说，我们领着他，简直就像领着一个小孩子一样，把他送往荷兰。"

第七章　渴望复仇的流亡者

（1918~1941 年）

1　在阿默龙恩和多伦庄园的新生活

1918 年 11 月 10 日（星期日）一早，一个护卫车队出现在了比利时－荷兰的边境小城埃斯登（Eijsden）。这天黎明时分，威廉二世乘坐他的宫廷专列离开了位于斯帕的大本营。由于害怕自己的军队对他发动突袭，在列车开出几公里后，他带着最信任的身边人改乘两辆汽车，好不为人知地抵达荷兰这个中立国。然而，威廉二世不得不顶着德国人群情激奋的咒骂声，在埃斯登火车站站台上等待载着其余随从的宫廷专列到站。经过电话商议后，荷兰女王威廉明娜同意了威廉二世的避难请求，戈达尔·范·阿尔登堡－本蒂克（Godard van Aldenburg-Bentinck）伯爵也表示可以让威廉二世在阿默龙恩城堡（Kastell Amerongen）住三天。然而事实上，这些不速之客——后来皇后也去了——在这座水上城堡里一住就是18个月，直到1920年5月，威廉二世一行才搬进了附近的多伦庄园（Huis Doorn）。这个庄园是威廉二世从范·赫姆斯特拉男爵夫人（van Heemstra）手里花135万马克购置的，庄园内还有一个59公顷大的花园。1918年11月28日，威廉二世正式声明，永久放弃"普鲁士王权和德意志帝国皇权"。

多亏了魏玛"母猪共和国（Saurepublik）"（威廉二世这样形容新成立的魏玛共和国）的慷慨，威廉二世这个流亡皇帝才能过上令人羡慕的生活，这是他曾经的老部下们所无法企及的。1918年11月底，柏林革命政府就批准向流亡中的威廉二世拨款数百万帝国马克，"以保证其基本生活水平"：这笔拨款在威廉二世流亡的第一年就达到了6600万帝国马克。1921年5月，王宫事务大臣又向德国国库申请 1000 万帝国马克的拨款，也得到了批准。此外，威廉二世从一开始就可以自由支配宫廷专列里的物品，其中包括 300 套银制餐具。1919 年 9 月 1 日，普鲁士财政大臣批准"前皇帝和国王可以领用安家所需的家具和其他相关物品"。为了将威廉二世的"家当"从德国运到荷兰，至少动用了 59 节火车车厢。社会民主党人提醒德国政府，不要对这样一个"已经没戏可唱的君主"如此慷慨。成百上千万人将他视为第一次世界大战的始作俑者之一，认为他理应过着悲惨的生活。然而这番告诫也只是白费功夫。

在 1926 年 6 月一次全民公决后，德国政府同霍亨索伦家族进行了最终的财产分割。根据 1926 年 10 月 29 日出具的一份报告，当时 60 座王宫（其中包括贝尔维尤宫、巴贝尔斯堡、蒙比尤、科尼希伍斯特豪森，采其林霍夫宫、厄尔斯、菩提树下大街的威廉一世皇宫和荷兰宫、威廉大街的阿尔布雷希特王子宫以及符腾堡赫辛根的霍亨索伦城堡的一半）中的 20 座，以及东普鲁士的罗明滕狩猎行宫、西普鲁士的卡迪纳庄园和希腊科孚岛的阿喀琉斯宫归霍亨索伦家族所有。就连曾放在柏林城市宫威廉二世书桌边、被他骑过的马鞍也得以继续摆放在他多伦庄园的塔楼房间里。威廉二世1941年去世时，他的净遗产总值达到了近1300万马克。

没有哪个流亡君主能像威廉二世那样获得这么大方的补偿。然而即便如此，他的流亡生活还是充满了痛苦和沮丧。战败、国内革命、斯帕元帅"变节"、越境逃亡，以及被威胁引渡给战胜国——威廉二世的精神在1918年12月又一次崩溃了。像往常一样，他卧床不起，有6个礼拜都没出过房门。直到1919年3月，他在头上缠了一条绷带；他解释说，是因为他的老毛病（耳疾）又犯了。到处都在传他企图自杀。不少忠心的到访者为威廉二世的苟活而感到羞耻，他们默默地希望，威廉二世的死可以了结这种有失体面的境况。

1921年4月，随着患有心脏病的皇后去世，威廉二世的孤独感越发强烈，也愈加令人忧虑。他的御医阿尔弗雷德·黑纳博士（Dr. Alfred Haehner）担心他会因此陷入孤僻，变得冷酷无情。他赶忙建议威廉二世多和其他人，特别是女性交往。不久后，女人们络绎不绝地拥入多伦庄园，希望能取悦这位 62 岁的流亡皇帝：一名自称有透视眼的芬兰女医生、一对热情洋溢的匈牙利姐妹、索姆斯的路易斯公主（Luise zu Solms）、伊特尔·冯·奇尔施基（Ittel von Tschirschky）、扎尔姆－扎尔姆的玛丽·克里斯蒂娜公主（Marie Christine zu Salm-Salm）、卡塔丽娜·冯·潘维茨（Catalina von Pannwitz），以及丧偶的奥古斯特·蒂勒－温克勒（Auguste von Tiele-Winckler）。加布里埃莱·冯·罗乔（Gabriele von Rochow）也见了威廉二世很多次，甚至一度让他相信，他也可以娶一名市民阶层或普通贵族阶层的女子为妻，而不必谨遵"门当户对"的原则。给威廉二世留下最深刻印象的是时年 25 岁的科尔内利娅（莉莉）·范·希姆斯特拉 [Cornelia（Lily）van Heemstra]，她曾是王储的爱人之一，被威廉二世称作自己的"小太阳"。他和莉莉·希姆斯特拉经常谈论结婚的事，然而他们的年龄差距实在是太大了，后来莉莉·希姆斯特拉迁往克隆伯格（Kronberg），希望能嫁给四个黑森王子中的一个。

威廉二世的亲信们机警地注视着来往多伦庄园的女人们的一举一动，当他们1922年6月听说威廉二世要邀请素未谋面的赫尔米内·冯·舍奈希 - 卡罗拉特（Hermine von Schönaich-Carolath）—— 王子海因里希二十二世（Heinrich XXII von Reuss älterer Linie）的女儿——来多伦庄园做客时，所有人都大吃一惊。两人在6月9日见了面，两天后就订婚了。婚礼于1922年11月5日在庄园内举行，包括皇室成员在内的所有人都认为，这桩婚事门不当户不对。这位昵称"赫尔默（Hermo）"的公主年龄不比威廉二世的女儿大多少；她与威廉二世结婚时已生育有5个孩子，最小的才3岁；她从一开始就坚持要每年回德国两次，每次要待上几个礼拜；陛下刚一开口，她的要求就跟着来了。事实证明，她好争辩且虚荣心强：不止王宫事务大臣弗里德里希·冯·贝格（Friedrich von Berg）一个人坚信，她嫁给威廉二世只是为了以德国新女皇的身份登上皇位。他们都预言，一旦她感到复辟无望，便会痛苦不堪。不过威廉二世选择赫尔米内做妻子，也是对她抱有幻想的，他希望通过与一位贵族公主结婚来提高他重回皇帝和国王宝座的可能性。

2　流亡中的暴躁反犹太主义者

重返统治宝座根本不会像一场周年纪念活动那样简单，要面对的更可能是一场浴血内战，也许还要与波兰、捷克斯洛伐克、法国和英国打仗。全世界都讨厌威廉二世，认为正是他对军国主义和海军主义追求无度，并推行霸权主义扩张政策，才导致了第一次世界大战这场大灾难。他成了被通缉的战争犯，却逃脱了战后审判和流放恶魔岛的惩罚，也许只是因为当时的荷兰政府拒绝将他交给战胜国罢了。甚至连威廉二世在德国统治了30年，至彼时仍残存的霍亨索伦家族，也随着他逃往荷兰而失去了对他最后的尊敬。俄国档案馆曝光了"威利—尼基电报"，公开了威廉二世在1914年"七月危机"中的批示，以及同时代人对1918

年德国战败的回忆录——然而这些情节都没有在威廉二世"悔过"的自传中出现。他很快陷入了暴力偏执狂的梦魇,想象力超越了边界,认为有人无时无刻不在搞阴谋诡计,以将他和所有高贵的人和物彻底毁灭。对此,他一生都在英勇抗争,现如今也仍在抗争:信奉真正的日耳曼上帝,洗净犹太人和罗马人对《圣经》的玷污,延续他杰出祖先打下的普鲁士军国独裁江山,重振德意志帝国,打破英国与法国之间的协约国关系链和凡尔赛的"强迫和约(Diktatfrieden)",准备再次借助他强大的陆军力量,在世界强国行列中谋求一席之地。

威廉二世曾想过向自己的同胞复仇,这简直让人毛骨悚然。他认为德国人民"阴险地背叛"了他;他一定会"回来,然而必须先让他们跪下来求我,然后我再让他们的人头落地"。他认为十一月革命是"受犹太人无赖蛊惑的德意志人对德国皇室及其军队的背叛!"他们要为此"接受严厉惩罚!"1921年5月,瓦尔特·拉特瑙(Walther Rathenau)接到任命,在由中央党领导的维尔特联盟政府中担任部长。得知这一消息的威廉二世再次露出了自我肯定的神态，他一直顽固地认为要在世界范围内阴谋推翻信仰新教的德意志帝国的，是犹太人、共济会成员和天主教教徒。他同他的御医说："人们会从中再次认清，教宗极权主义与国际犹太共济会运动是怎样勾结在一起的。对于这些人而言，最重要的就是不让新教王权东山再起……在背后操纵的是受罗马指使的耶稣会信徒，他们把马蒂亚斯·埃茨贝格尔（Matthias Erzberger）①当工具一样利用。"当马蒂亚斯·埃茨贝格尔被杀害时，威廉二世高兴得手舞足蹈，还举杯庆贺；自从他到了荷兰后，没有什么事让他这么开心过。威廉二世在流亡期间的思想基础是摩尼教二元论，它将世界分为善与恶、神与鬼、基督与基督之敌、德国人与犹太人，这种划分也体现在威廉二世极端的反犹太主义思想中。

---

① 马蒂亚斯·埃茨贝格尔（1875~1921），德国政治家，1919~1920 年担任德意志帝国财政部部长。作为中央党人，他从 1917 年开始反对第一次世界大战，并且作为帝国政府的授权代表签署了德国和协约国之间的停战协议，因此他被右翼恐怖集团"执政官组织（Organisation Consul）"暗杀。

1927 年，威廉二世向一名美国朋友解释说：
"不管是在国内还是国外，希伯来人都是我不共
戴天的仇敌；他们是骚乱、革命和颠覆政权的
谎言编织者和幕后操纵者，过去一直是，现在
也是。这个民族因为他们有毒、腐化而又可笑
的思想变得卑劣，并臭名远扬。世界一旦觉醒，
他们必将受到严厉的惩罚。"这样的观点已然离
以种族灭绝为目的的反犹太主义不远了。1919
年 12 月 2 日，他给他最忠心的陆军元帅奥古斯
特·冯·马肯森（August von Mackensen）写了
封亲笔信："一个民族在历史当中能遭受的最广
泛、最深刻的耻辱，德意志民族感受到了，而
且是自作自受。犹大支派的后人不仅惹德国人
厌恶，还煽动和诱骗德国人，并在德国享受着
款待，而他们竟然这么不知感激！每一个德国
人都不应该忘记，不能善罢甘休，直到将这些
寄生虫从德国的土地上彻底消灭为止！他们就
像是长在德国橡树上的毒蘑菇！"威廉二世在
1920 年的断言让马克斯·冯·穆蒂乌斯（Max
von Mutius）震惊不已，"在灭绝犹太人或者至
少将所有犹太人驱逐出德国之前，全世界，特

别是德国都不得安宁"。对此穆蒂乌斯提出反对意见，称"可惜想现在灭绝犹太人，这行不通"。威廉二世激动地回答道："亲爱的，我可以做到，而且我会去做的。我愿意证明给您看。"1921年3月，威廉二世在晚宴上向他的宾客说："如果德国能再换个时代，犹太人必定要遭殃。他们向国外转移了近800亿马克，必须照价赔偿。首先，德国政府必须立刻向犹太人索赔150亿马克。犹太人必须把他们所有的一切交出来，包括他们的收藏、房子和全部财产。犹太人一律不得在德国的政府机构任职，必须要将他们置于死地。"他呼吁："最好的解决办法是在全世界范围内进行一场真正的大屠杀。"1927年8月15日，他亲笔写道："新闻媒体和犹太人都跟苍蝇一样是祸害，无论如何必须将它们从人类身上清除。最好的办法可能非毒气莫属。"

3 威廉二世和希特勒

威廉二世起初是反对民族主义运动的。然而1928年希特勒变成了纳粹激进分子，并在 1929 年与胡根贝格沆瀣一气。在关于举行公民表决的提案中反对凡尔赛"战争罪责谎言"之后，威廉二世就对他寄予了厚望。纳粹党（NSDAP）在选举中令人惊讶地取得了选举胜利，柏林政府向着总统独裁（Präsidialregierung）① 过渡，仿佛为重新引入君主制开辟了道路。威廉二世的儿子奥古斯特·威廉（August Wilhelm）加入了纳粹党和冲锋队，并作为希特勒邀请的贵宾出席了纽伦堡党代会。"皇后"赫尔米内也以"元首"热情仰慕者的身份现身。她敦促希特勒，应该尽快将威廉二世接回德国。1931 年 1 月 17 日，赫尔曼·戈林（Hermann Göring）携夫人卡琳（Carin）拜访了居住在多伦庄园的威廉二世夫妇。戈林夫妇于第二天离开，当天正是德意志帝国成立 60 周年纪念日。1932 年 5 月 20~21日，戈林再次拜访了威廉二世夫妇。霍亨索伦家族仿佛已经看见了曙光。本蒂克伯爵的女婿

---

① Präsidialregierung（直译为"总统统治"）、Präsidialdiktatur（总统独裁）或 Präsidialkabinett（总统内阁）是专门的政治术语，指 1930~1933 年，总统授权总理绕过议会，行使紧急全权进行统治。

西古德·冯·伊尔泽曼（Sigurd von Ilsemann）1931年圣诞节在他的日记中写道："几个月来，多伦庄园里的人们都在传纳粹党人要让皇帝再次即位。"

"攫取政权"后，希特勒和霍亨索伦家族的代表立即就再次实行君主制问题进行了商议。1933年5月9日，希特勒意味深长地阐述了他的观点："（1）他要将君主制作为他工作的结束。（2）他只承认德意志君主统治；拒绝在联邦州（国家）内实行君主制。（3）只考虑由霍亨索伦家族来进行君主统治。（4）重建君主制的时机还不成熟……（5）他……首先是名士兵。作为一名士兵，他认为可以通过全民公决或类似的方式恢复君主统治。只有取得战争胜利的军队才能将威廉二世重新推上皇帝的宝座。"1933年10月24日，希特勒在总理府举行的会谈中向皇室代表冯·多梅斯（von Dommes）元帅直言不讳地说，根据他更长远的目标，目前不可能恢复君主制。他声称："在涉及国家政体的问题上，他暂时想尽可能地有所保留。""希特勒当然清楚，一国体制的建立不能光凭意愿，必须建立在家族统治的基础上。他没有家族背景，然而他的名字已经载入了德国史册，不出几年，他将被所有时代的德国人牢牢记住。希特勒说，除了完成他给自己布置的任务之外，他没有别的野心：首先要将德国从布尔什维克主义和犹太人的统治中解放出来。"他担心恢复君主统治后的德国会不够强硬，无法经受不可避免的血腥战争。"在犹太人问题上，几乎没有人理解他……如今希特勒变得狂热了（多梅斯继续说）：他详细阐述了为什么犹太人是德国的不幸，为什么他们是革命的策动者。所以，必须除掉犹太人。这一直都是他的目标，他永远不会放弃这个目标……压倒共产主义和犹太民族是他必须要完成的任务。他不知道留给他的还有多长时间。"多梅斯吃惊地问希特勒，他是不是真的认为"君主统治不适合担负完成上述这些任务的责任"。希特勒没有回答，"而是又将话题转到了犹太人问题上。然后突然结束了会谈"。

了解了希特勒的想法之后，威廉二世感到非常失望，他偶尔也会对纳粹政府的所作所为表示惊讶。希特勒曾充满激情地说，他们取得了外交上的胜利，威廉二世欣喜地从中看到了自己霸权政策的延续。1938年9月《慕尼黑协定》签订后，威廉二世这样写道："是上帝派张伯伦去保卫和平！这是神对人间施加影响的力证。《慕尼黑协定》强迫战争支持者们接受和平，它粉碎了贝尔蒂舅舅（爱德华七世）针对我们的政策，而且在民众普遍的赞同下影响了'欧洲秘密会议'，这是我30年来一直盼望的事。"他还写道："如果格雷在1914年像1938年的张伯伦那样做，第一次世界大战就不会爆发了。不过，1914年时英国人想要开战，1938年他们倒害怕了！"然而当一年后，第二次世界大战爆发时，威廉二世却欢呼道："波兰一战打得漂亮！老普鲁士精神万岁！元首是'我的人'！"赫尔米内在1939年底称："我们认为，阿道夫·希特勒一定会打败阴险狡诈的英国，让德国夺取'日不落帝国'的称号，这是德国需要且应得的……皇帝为年轻的纳粹国防军感到自豪，为英国遭受的一切打击而欣喜。"1940年5月德国进军荷兰时，威廉二世拒绝了他表兄乔治五世向他提供政治避难的提议，他轻蔑地说，他宁愿被杀死也不愿意逃到英国；他"没兴趣和丘吉尔一起合影"。

英军的敦刻尔克大撤退和法国投降的消息在多伦庄园激起了热烈反响。威廉二世在1940年5月31日夸耀说："上帝对犹太英国的审判开始了。佛兰德要灭亡了。"德军开进巴黎时，威廉二世给"元首"发去一封祝贺电报，他在电报中将这场胜利列为自己祖先领导普鲁士－德意志民族征战的成果之一。"对法国的军事扩张给我留下了深刻印象，为此，我衷心祝愿您和全体国防军士兵取得上帝赋予的伟大胜利，别忘记威廉大帝在1870年时说过的话：'哪一次转变不是上帝的安排！'每个德意志人都会在心中吟唱属于胜利者、属于伟大国王的士兵赞歌：感谢主！"像《慕尼黑协定》和波兰战役一样，威廉二世从法国的投降中看到了他个人霸权政策得到正名，乃至实现的机会。他在1940年9月兴高采烈地说，希特勒的战争是"一次奇迹！弗雷德里克斯·雷克斯（Fredericus Rex）、冯·克劳塞维茨（von Clausewitz）、布

吕歇尔（Blücher）、约克（Yorck）和格奈泽
瑙（Gneisenau）等人身上的普鲁士传统精神得
到了再现，就像在 1870~1871 年普法战争时那
样……在第一次世界大战中，我麾下杰出元帅
们都像少尉、上尉和年轻的少校一样浴血奋战。
他们在施利芬手下受训，执行在我领导下制定
的军事计划，正如我们 1914 年做的那样"。他
还说，自爱德华七世上台以来英国推行的、针
对德国的均势政策终于失败了，欧洲大陆在德
国的统治下完成了统一。威廉二世在 1940 年
11 月写道："欧洲合众国正在形成，整个欧洲大
陆正在成为一个国家联盟。""上帝创造了一个
新世界，这是个奇迹。法国最终违背贝尔蒂舅
舅提出的、与英国结成协约国伙伴的约定，不
顾法国国王的命令而投入德国和意大利的阵营，
这就是奇迹！我们正在建设由德国领导的欧洲
合众国，一个团结的欧洲大陆，这超过了人们
的期望！"

在英国坚决反抗德国在欧洲大陆扩张的问
题上，威廉二世用他的老一套说辞声称：犹太
人和共济会成员又在行动了！他胡言乱语地说，

如今也有必要将英国——这个被犹太人和共济会成员"浸染"的撒旦之国从"反基督的犹大"手中解放出来。德国必须"将犹大从英国驱逐出去，就像把他从欧洲大陆赶出去一样。英国也必须像欧洲大陆一样，将反基督的犹大赶出去"。为了"奉撒旦的指令"建立"犹大的世界帝国"，犹太民族在英国的帮助下，发动了针对德国的两次（1914年和1939年）世界大战，然而"上帝出手干预，粉碎了这个计划！"现在，欧洲眼看就要"摆脱掉英国人和犹太人，团结一致反抗英国的控制了"。最好的结果就是建立"欧洲合众国！"在威廉二世在世的最后一年，他仍在信中欢呼道："在所有国家，犹太人连他们数百年来树立起来的那种与人为敌、令人憎恶的社会地位都丧失了。"他在1941年4月20日写道："我们英勇的军队表现极为出色，上帝将胜利赋予了他们。上帝愿帮助他们继续赢得光荣和平，战胜穿着英国式长袍的犹大和反基督者。"在欧洲的"至暗时刻"，威廉二世仍没有认识到如果任由这场世界灾难发展，后果将多么可怕。正当希特勒和纳粹国防军在为东线

"灭绝战争"做最后的准备时，威廉二世这个德国末代皇帝、自始至终自封的"上帝骑士"仍梦想着，为德国的"最后胜利"而喝彩。1941年6月4日，威廉二世在多伦庄园撒手人寰。

参考文献

一、主要参考来源

Ponsonby, Sir Frederick (Hrsg.), Briefe der Kaiserin Friedrich, Berlin 1929

Fulford, Roger (Hrsg.), Dearest Child. Private Correspondence of Queen Victoria and the Crown Princess of Prussia, 5 Bde., London 1964–81

Meisner, Heinrich Otto (Hrsg.), Denkwürdigkeiten des General-Feldmarschalls Alfred Grafen von Waldersee, 3 Bde., Stuttgart-Berlin 1922–23

Rich, Norman, Fisher, M. H. und Frauendienst, Werner (Hrsg.), Die Geheimen Papiere Friedrich von Holsteins, 4 Bde., Göttingen 1956–63

Röhl, John C. G. (Hrsg.), Philipp Eulenburgs Politische Korrespondenz, 3 Bde., Boppard-am-Rhein 1976–83

Fuchs, Walther Peter (Hrsg.), Großherzog Friedrich I. von Baden und die Reichspolitik 1871–1907, 4 Bde., Stuttgart 1968–80

Goetz, Walter (Hrsg.), Briefe Wilhelms II. an den Zaren 1894–1914, Berlin 1920

Obst, Michael A. (Hrsg.), Die politischen Reden Kaiser Wilhelms II. Eine Auswahl, Paderborn 2011

Epkenhans, Michael (Hrsg.), Albert Hopman. Das ereignisreiche Leben eines «Wilhelminers». Tagebücher, Briefe, Aufzeichnungen 1901 bis 1920, München 2004

Görlitz, Walter (Hrsg.), Der Kaiser... Aufzeichnungen des Chefs des Marinekabinetts Admiral Georg Alexander v. Müller über die Ära Wilhelms II., Göttingen 1965

Görlitz, Walter (Hrsg.), Regierte der Kaiser? Kriegstagebücher, Aufzeichnungen und Briefe des Chefs des Marine-Kabinetts Admiral Georg Alexander von Müller, Göttingen 1959

Kautsky, Karl (Hrsg.), Die deutschen Dokumente zum Kriegsausbruch, 4 Bde., Charlottenburg 1919

Afflerbach, Holger (Hrsg.), Kaiser Wilhelm II. als Oberster Kriegsherr im Ersten Weltkrieg. Quellen aus der militärischen Umgebung des Kaisers 1914–1918, München 2005

Koenigswald, Harald von (Hrsg.), Sigurd von Ilsemann. Der Kaiser in Holland. Aufzeichnungen des letzten Flügeladjutanten Kaiser Wilhelms II., 2 Bde., München 1967–68

Franzen, Christoph Johannes, Kohl, Karl-Heinz und Recker, Marie-Luise (Hrsg.), Der Kaiser und sein Forscher. Der Briefwechsel zwischen Wilhelm II. und Leo Frobenius (1924–1938), Stuttgart 2012

二、传记及生平研究

Ludwig, Emil, Wilhelm der Zweite, Berlin 1925

Eyck, Erich, Das persönliche Regiment Wilhelms II. Politische Geschichte des deutschen Kaiserreichs von 1890 bis 1919, Erlenbach-Zürich 1948

Cecil, Lamar, Wilhelm II, 2 Bde., Chapel Hill 1989–96

Röhl, John C. G. und Sombart, Nicolaus (Hrsg.), Kaiser Wilhelm II. New Interpretations. The Corfu Papers, Cambridge 1982

Gutsche, Willibald, Wilhelm II. Der letzte Kaiser des Deutschen Reiches, Berlin 1991

Sombart, Nicolaus, Wilhelm II. Sündenbock und Herr der Mitte, Berlin 1996

Röhl, John C. G. (Hrsg.), Der Ort Kaiser Wilhelms II. in der deutschen Geschichte, München 1991

Röhl, John C. G., Kaiser, Hof und Staat. Wilhelm II. und die deutsche Politik, München 1987, Beck'sche Reihe 2002

Röhl, John C. G., Wilhelm II., 3 Bde., München 1993–2008

Rogasch, Wilfried (Hrsg.), Victoria & Albert, Vicky & The Kaiser. Ein Kapitel deutsch-englischer Familiengeschichte, Berlin 1997

Baechler, Christian, Guillaume II d'Allemagne, Paris 2003

Mombauer, Annika und Deist, Wilhelm (Hrsg.), The Kaiser. New Research on Wilhelm II's Role in Imperial Germany, Cambridge 2003

Clark, Christopher, Wilhelm II. Die Herrschaft des letzten deutschen Kaisers, München 2008

Wilderotter, Hans und Pohl, Klaus-D., Der letzte Kaiser. Wilhelm II. im Exil, Gütersloh-München 1991

Gutsche, Willibald, Ein Kaiser im Exil. Der letzte deutsche Kaiser Wilhelm II. in Holland. Eine kritische Biographie, Marburg 1991

三、分领域研究

Hull, Isabel V., The Entourage of Kaiser Wilhelm II 1888–1918, Cambridge 1982

Marschall, Birgit, Reisen und Regieren. Die Nordlandfahrten Kaiser Wilhelms II., Heidelberg 1991

Winzen, Peter, Im Schatten Wilhelms II. Bülows und Eulenburgs Poker um die Macht im Kaiserreich, Göttingen 2011

Berghahn, Volker R., Der Tirpitzplan. Genesis und Verfall einer innenpolitischen Krisenstrategie unter Wilhelm II., Düsseldorf 1971

Lerman, Katharine Anne, The Chancellor as Courtier. Bernhard von Bülow and the Governance of Germany, 1900–1909, Cambridge 1990

Winzen, Peter, Das Ende der Kaiserherrlichkeit. Die Skandalprozesse um die homosexuellen Berater Wilhelms II. 1907–1909, Köln-Weimar-Wien 2010

Winzen, Peter, Das Kaiserreich am Abgrund. Die Daily Telegraph-Affäre und das Hale-Interview von 1908. Darstellung und Dokumentation, Stuttgart 2002

Kohlrausch, Martin, Der Monarch im Skandal. Die Logik der Massenmedien und die Transformation der wilhelminischen Monarchie, Berlin 2005

Kohut, Thomas A., Wilhelm II and the Germans. A Study in Leadership, Oxford 1991

Reinermann, Lothar, Der Kaiser in England. Wilhelm II. und sein Bild in der britischen Öffentlichkeit, Paderborn 2001

Mommsen, Wolfgang J., War der Kaiser an allem schuld? Wilhelm II. und die preußisch-deutschen Machteliten, München 2002

König, Alexander, Wie mächtig war der Kaiser? Kaiser Wilhelm II. zwischen Königsmechanismus und Polykratie von 1908 bis 1914, Stuttgart 2009

Machtan, Lothar, Die Abdankung. Wie Deutschlands gekrönte Häupter aus der Geschichte fielen, Berlin 2008

König, Wolfgang, Wilhelm II. und die Moderne. Der Kaiser und die technisch-industrielle Welt, Paderborn 2007

Benner, Thomas Hartmut, Die Strahlen der Krone. Die religiöse Dimension des Kaisertums unter Wilhelm II. vor dem Hintergrund der Orientreise 1898, Marburg 2001

Brude-Firnau, Gisela, Die literarische Deutung Kaiser Wilhelms II. zwischen 1889 und 1989, Heidelberg 1996

Petzold, Dominik, Der Kaiser und das Kino. Herrschaftsinszenierung, Populärkultur und Filmpropaganda im Wilhelminischen Zeitalter, Paderborn 2012

Rebentisch, Jost, Die vielen Gesichter des Kaisers. Wilhelm II. in der deutschen und britischen Karikatur, Berlin 2000

人名索引

（此部分页码为德文原书页码，即本书页边码。）

Abdulhamid II., *Sultan* 55, 67, 86, 99
Albert I., *König der Belgier* 108
Auguste Viktoria, *Dt. Kaiserin* 25 f., 62, 76, 84 f., 114, 117, 131, 133
Ballin, Albert 96 f., 103
Battenberg, Louis von 91 f., 102
Bethmann Hollweg, Theobald von 79 f., 83, 85 f., 90, 93, 95–98, 100 f., 103, 105, 107, 109, 111–118, 121 f., 126–128
Bismarck, Herbert von 24 f., 27 f., 34 f., 37, 41, 49
Bismarck, Otto von 7–9, 24–28, 30–41, 43–45, 48, 50–53, 55, 75, 120
Bleichröder, Gerson 36, 39
Bülow, Bernhard von 42, 45, 48–52, 56, 58–72, 74, 77 f., 80–85, 87, 90, 129
Caprivi, Georg Leo von 19, 40–43, 45 f., 48, 50
Charlotte von Preußen 15, 18, 75, 83
Churchill, Winston 96, 113, 139
Conrad von Hötzendorf, Franz 89, 101, 106
Edward VII., *König von Großbritannien* 27, 65, 71–73, 90 f., 139 f.
Eulenburg, Philipp zu 9, 29 f., 33–37, 45, 48–51, 54, 68, 74–78, 84, 86
Falkenhayn, Erich von 111, 114 f., 117 f., 126 f.
Franz Ferdinand von Österreich 79 f., 86, 88, 101, 105, 109 f., 120
Franz Joseph I., *Kaiser von Österreich* 87 f., 107, 118
Friedrich III., *Dt. Kaiser* 9, 11, 13, 15 f., 19–21, 23–26, 28–31, 49, 53
Friedrich II. der Große, *König von Preußen* 18, 34, 53, 63, 88, 96, 130, 140
Fürstenberg, Max Egon II. zu 79 f., 83 f., 86, 88, 100 f., 120
George V., *König von Großbritannien* 91 f., 102, 116 f., 119, 139
Göring, Hermann 137
Goltz, Colmar von der 85 f.
Grey, Edward 92, 102, 115 f., 119, 139
Haldane, Richard 96 f., 103 f.
Hale, William Bayard 57, 72, 83
Harden, Maximilian 71, 75–79, 83 f.
Heinrich von Preußen 18 f., 22, 40 f., 60, 102 f., 105, 110, 116 f.
Hermine von Schönaich-Carolath 134, 137, 139
Hertling, Georg von 128 f.
Hindenburg, Paul von 126–129
Hinzpeter, Georg Ernst 17–24, 35 f., 46 f.
Hitler, Adolf 10, 137–141

Hohenlohe-Schillingsfürst, Chlodwig zu 42, 45, 50, 54–56, 60, 74
Holstein, Friedrich von 27, 32, 36 f., 40 f., 46, 48, 62, 65 f., 68, 74 f., 79, 83 f.
Hülsen-Haeseler, Dietrich von 80, 83
Jagow, Gottlieb von 106, 109, 121
Kayser, Paul 36, 38, 46
Kiderlen-Wächter, Alfred von 90, 92–95, 100
Leopold II., *König der Belgier* 63 f., 108
Lichnowsky, Karl Max von 103–105, 109, 115, 118–120
Ludendorff, Erich 121, 126–129, 131
Lyncker, Moriz von 111, 126, 128 f.
Mackensen, August von 136
Marschall von Bieberstein, Adolf 36, 41, 45 f., 48
Martin, Eduard Arnold 11
Max von Baden 129 f.
Michaelis, Georg 125, 129
Moltke d. J., Helmuth von 68–70, 77, 89, 94, 100 f., 105 f., 108 f., 114, 117–119, 126
Moltke, Kuno von 49, 74–76, 78, 84
Müller, Georg Alexander von 93–98, 112, 114, 116, 118, 126 f.
Nikolaus II., *Zar* 27, 56, 60 f., 63, 69, 111, 114, 116 f., 123, 135
Plessen, Hans von 111, 119, 129 f.
Rathenau, Walther 97, 135
Roosevelt, Theodore 57, 91
Rudolf von Österreich-Ungarn 24 f.
Schlieffen, Alfred von 48, 57, 59, 65 f., 68, 140
Spitzemberg, Hildegard von 79, 94
Stuart Wortley, Edward 80–82
Szögvény, Ladislaus von 87 f., 110 f., 117, 121
Tirpitz, Alfred 48, 58, 69–71, 82, 95–98, 101, 108 f., 111, 114, 116, 126 f., 129
Tschirschky, Heinrich von 89, 107, 115
Valentini, Rudolf von 80, 85 f., 117, 128 f.
Varnbüler, Axel von 49, 75–78
Victoria, *Königin von Großbritannien* 10 f., 16, 18, 27, 59, 81, 91
Victoria Kaiserin Friedrich 10 f., 13, 15–21, 23–31, 40, 49
Waldersee, Alfred von 19, 26, 28, 33 f., 36, 38–41, 48, 55, 69
Waldersee, Georg von 109
Wilhelm I., *Dt. Kaiser* 9–11, 19 f., 22, 25 f., 28–32, 53, 71, 140
Wilhelmina, *Königin der Niederlande* 64, 131

作者简介

约翰·C. G. 勒尔（John C. G. Röhl）教授一直在萨塞克斯大学（Universität Sussex）教授欧洲现代史直至退休，已出版《皇帝、宫廷和国家：威廉二世和德国政策》（*Kaiser, Hof und Staat. Wilhelm II. und die deutsche Politik*）、《青年时的德皇威廉二世（1859~1888）》（*Wilhelm II. Die Jugend des Kaisers. 1859~1888*）、《威廉二世个人统治的建立（1888~1900）》（*Wilhelm II. Der Aufbau der Persönlichen Monarchie. 1888~1900*）、《走向深渊的威廉二世（1900~1941）》（*Wilhelm II. Der Weg in den Abgrund. 1900~1941*）等著作。

译者简介

陈晓莉，毕业于南开大学德语系，从事翻译工作十余年，已出版译作《俾斯麦：一个普鲁士人和他的世纪》和《100个物品中的德国历史》。

图书在版编目（CIP）数据

威廉二世 /（德）约翰·C.G. 勒尔著；陈晓莉译
. -- 北京：社会科学文献出版社，2021.6
（生而为王：全13册）
ISBN 978-7-5201-8346-8

Ⅰ.①威⋯　Ⅱ.①约⋯　②陈⋯　Ⅲ.①威廉二世(
William, Ⅱ 1859-1941)-传记　Ⅳ.①K835.167=52

中国版本图书馆CIP数据核字（2021）第092696号

生而为王：全13册

威廉二世

著　　者 / ［德］约翰·C.G. 勒尔
译　　者 / 陈晓莉

出 版 人 / 王利民
组稿编辑 / 段其刚
责任编辑 / 周方茹
文稿编辑 / 陈嘉瑜

出　　版 / 社会科学文献出版社·联合出版中心（010）59367151
　　　　　 地址：北京市北三环中路甲29号院华龙大厦　邮编：100029
　　　　　 网址：www.ssap.com.cn
发　　行 / 市场营销中心（010）59367081　59367083
印　　装 / 北京盛通印刷股份有限公司

规　　格 / 开　本：889mm×1194mm 1/32
　　　　　 本册印张：7.375　本册字数：102千字
版　　次 / 2021年6月第1版　2021年6月第1次印刷
书　　号 / ISBN 978-7-5201-8346-8
著作权合同
登 记 号 / 图字01-2019-3617号
定　　价 / 498.00元（全13册）

本书如有印装质量问题，请与读者服务中心（010-59367028）联系